Ute Baumhackl
&
Bernd Melichar

Sie & Er

Keine halben Sachen

IMPRESSUM

© 2017 Edition KLEINE ZEITUNG
Anzeigen und Marketing Kleine Zeitung GmbH & Co KG
A-8010 Graz, Gadollaplatz 1

Karikaturen: Petar Pismestrović
Fotos Cover: Marija Kanižaj
Layout und Umschlag: Styria Media Design GmbH & Co KG
Herstellung: Druck Styria GmbH & Co KG

ISBN 978-3-902819-89-5

Vorwort

W as stürzt SIE ins Unglück und was IHN? Was macht SIE glücklich, was IHN? Woche für Woche schreiben die Kulturchefin der Kleinen Zeitung, Ute Baumhackl, und der Ressortleiter des Sonntagsmagazins, Bernd Melichar, in der Kolumne „Sie & Er" über Themen des Alltags – über Urlaub, Arbeit, den Kampf gegen die Waage, Beziehungen oder auch nur einen Zwetschkenbaum. Er möge, wünscht sich Ute Baumhackl, doch bitte ewig leben.

Ein Gender-Pingpong-Spiel mit feiner Ironie und tonnenweise Humor, das die Vollblut-Journalisten seit Jahren Sonntag für Sonntag in der Kleinen Zeitung spielen.

Zwischendurch sind die beiden natürlich auch einer Meinung. Wie beispielsweise in ihrem Befund, „das Ärgste ist es doch, anderen Leuten in die gute Laune zu husten". Nein, das machen Ute Baumhackl und Bernd Melichar mit Sicherheit niemals. Sie sorgen vielmehr für gute Laune – wie mit diesem Buch, in dem ausgewählte Kolumnen der letzten Jahre gebündelt sind.

Carina Kerschbaumer
Chefredaktion Kleine Zeitung

Inhaltsverzeichnis

Aus dem Leben

„Langzeitselbstversuche zeigen, dass der menschliche Magen viel mehr mitmacht, als man ihm zutraut."

Von Langos rate ich ab

Wenn ich jetzt ganz scharf nachdenke, fällt mir vielleicht jemand ein, der mir noch nie eine Alternativkarriere in der Gastronomie vorfantasiert hat. Wenn die Leute der Job anstinkt, glauben sie immer, sie wollen Wirt werden. So in einem netten kleinen Innenstadtbeisl mit voll gutem Kaffee und kreativen Snacks. Ja, klar: mit Öffnungszeiten zwischen 11 und 16 Uhr (sams-, sonn- und feiertags geschlossen), und die Gläser wäscht natürlich jemand anderer ab.

Zwei Sommer lang habe ich in Wirtshäusern gejobbt: erst in einer Hendlstation, wo sie den stehen gelassenen Wein zusammen- und ins Coq au vin geschüttet haben, dann als Küchenhilfe in einem Freibadbuffet, wo der Chef von mir verlangte, dass ich den Schimmel von den Langos bürste, bevor er sie in die Fritteuse schmeißt. Seitdem rate ich von der Bestellung von Langos ab. Kategorisch.

Dabei hab ich es selber gar nicht so mit Ablaufdaten, in meiner Gemüselade laufen Kompostiervorgänge im großen Stil, und Langzeitselbstversuche zeigen, dass der menschliche Magen viel mehr mitmacht, als man ihm zutraut. Da lese ich zum Beispiel, dass Altweine derzeit groß im Kommen sind. Wo ist da die Herausforderung? Bei mir gibt's regelmäßig Altjoghurt und Altschinken! Wenn ich wen bekoche, ist das selbstverständlich anders, da wird frisch eingekauft. Obwohl es natürlich sein kann, dass ich jetzt ein bisschen lüge. Bald gibt's bei mir Abendessen für Freunde. Mal sehen, wer sich kommen traut.

Wann wagen wir den
Einstieg zum Ausstieg?

Planspiel

Man muss seine Pläne manchmal ändern, um sich selbst treu zu bleiben. Mein bisheriger Ausstiegsplan hat so ausgesehen: Schottland, Schafe züchten. Nächtens wäre ich dann in der warmen Stube gesessen und hätte mit einer feinen Füllfeder meine Gedichte zu Papier gebracht. Einmal im Jahr wäre die beste aller Ehefrauen in die weit entfernte Stadt gefahren (ich selbst habe laut Plan jeglichen Kontakt mit der Umwelt abgebrochen) und hätte meine gereimten Naturbeobachtungen zum Verlag gebracht, der mein Werk dann in einer aufwendigen Lieberhaber-Edition auf den Markt bringt. Natürlich hätte ich unter einem Pseudonym geschrieben, damit niemand mich in meiner Abgeschiedenheit belästigen kann. Es hätte wie folgt gelautet: Seamus M. Elichar.

Nach dem diesjährigen Urlaub in der Toskana heißt es umdenken. Der neue Plan: Casanuova Di Ama, Olivenbäume pflanzen. Nächtens würde ich dann im lauschigen Garten sitzen und mit einer feinen Füllfeder am Entwurf meines neuen Romanes (ich bin inzwischen auf Prosa umgestiegen) arbeiten. Nach 20 Jahren (1. Romane sind dick, 2. ich habe noch immer jeglichen Kontakt mit der Umwelt abgebrochen) würde die beste aller Ehefrauen in die weit entfernte Stadt fahren, um dem bereits ungeduldig wartenden Verlag mein Werk – „Der wahre Name der Rose" – darzulegen.

Bis dahin: Hausmannstätten, Unkraut zupfen. Nächtens: Pläne schmieden.

„Die Diät ist beendet, das Leben süß,
der Kaffee gezuckert, der Tisch
reichlich gedeckt, das Gemüt im Lot."

Da stehen
Sonderverhandlungen an

So ein Besuch in der Hauptstadt ist ja schon immer besonders. Im chinesischen Lokal servieren sie Schweinsohren,
Rindermagen, Tofuhaut, alles sehr ansprechend angerichtet,
und es schmeckt auch noch, interessant auf jeden Fall. Nachher gehen wir ins Chelsea, nur um eine Band von daheim zu
hören. Weil daheim kommt man eh nie zu was.

Das Konzert ist sehr lustig, mit pfeifen, hüpfen, Sachen
schreien, und hinter mir steht einer, der sich, wie es aussieht,
wahnsinnig in Norbi den Frontmann verliebt hat, jedenfalls
filmt er das gesamte Konzert mit seiner Handykamera. Dabei
ist der jung; sollte der nicht besser sein Bürzel schütteln?

Nachher ist dann noch DJ-Betrieb. Andrea, Petra und ich,
wir bleiben daneben sitzen, und die Konversation der nächsten Stunde besteht im Wesentlichen darin, uns gegenseitig ins
Ohr zu brüllen, dass wir langsam echt zu alt für solche Lo-
kale werden. WAS?? ZU ALT!!! Ah so. Dann stellt sich heraus,
dass wir direkt unter drei mörder Boxen sitzen, und nach dem
Platzwechsel ist es besser. Allerdings auch höchste Zeit zum
Nachhausegehen.

Am nächsten Tag erwache ich echt unmunter, meine Stimme klingt so, wie Sachen aussehen, die man sich von der
Schuhsohle kratzt, und der Tag verläuft dann auch eher ange-
strengt. Aber insgesamt war der Abend genau goldrichtig. Wobei ich die Schweinsohren ausnehmen möchte. Über die wird
im Wiederholungsfall gesondert verhandelt werden müssen.

Schmeckt's?

Bitter und süß

Danke der Nachfrage. Es schmeckt. Wieder. Die Diät ist beendet, das Leben süß, der Kaffee gezuckert, der Tisch reichlich gedeckt, das Gemüt einigermaßen im Lot, der Boxsack weggeräumt, die Kratzer an der Kühlschranktür sind rauspoliert. Ich würde Sie nur recht herzlich bitten, die Worte „gebratenes Hühnerfleisch ohne alles" oder „Lachsfilet mit nix" nicht in den Mund zu nehmen. Auch bei der Erwähnung des Wortes „Eiweiß" weiß ich nicht, wie ich reagiere. Ich garantiere für nichts.

Abgesehen davon, dass Diäten in der Regel nullkommajosefminusx bringen, führen sie dem Hungerkünstler so richtig schön vor Augen, was für eine inkonsequente Lusche er ist. Danke schön vielmals auch, in meinem Fall ist das mit exemplarischer Wucht eingetreten. Und wer ohnehin schon geknickt im Schatten steht, hat meist ein strammes Gegenüber im grellen Scheinwerferlicht, das ihm die lange Zunge zeigt. Bääääääh, du Warmduscherlusche! Aus Gründen der Solidarität hat die beste aller Ehefrauen in Sachen Diät mitgelitten. Ich hab das voll lieb gefunden. Anfangs. Doch während ich in puncto Stimmungslage immer grenzwertiger wurde und meinem inneren Schweinehund bald die lange Leine gab, hat sie fröhlich einen Kilo nach dem anderen abgelegt und die Tortur ohne psychiatrische Notmaßnahmen hinter sich gebracht.

Fazit: Das Leben ist wieder süß, der Nachgeschmack zart-bitter.

Die Frittierer kriegen uns nicht

Das muss jetzt aber bald wieder aufhören. Bzw. das hätte schon längst wieder aufhören müssen, aber wenn man seine frisch ausgewanderte Freundin in den USA besucht, muss man ja auch sehen, wie sie lebt. Im Zuge dessen ist festzustellen, dass der Amerikaner längst nicht so schlecht isst, wie wir immer glauben. Und ich weiß, wovon ich rede: Neben der Aufarbeitung überfälliger Kommunikationseinheiten haben wir die Woche größtenteils damit verbracht, die von der Wirtschaftskrise arg gebeutelte US-Gastronomie wieder aufzurichten.

„Weißt du eigentlich, dass in Atlanta die dicksten Menschen Amerikas wohnen?", hat mich vor dem Abflug ein Bekannter gefragt. Das wundert mich jetzt nicht mehr. Erstens frittieren sie hier alles, sogar Spargel und Paradeiser, zweitens sind die Portionen unmenschlich groß, und drittens bekommt man manchmal, wenn man schon glaubt, das Mahl überstanden zu haben, vom Servierpersonal auch noch zwei (!) Desserts geschenkt. Und da will man dann ja auch nicht unhöflich sein. Monatelange Gewichtsbereinigungsbemühungen sind so innerhalb einer Woche zunichtegemacht, und auch Dörtchen, die hier regelmäßig ins Fitnessstudio rennt, macht sich Sorgen um ihre Muskulatur.

Andererseits: wurscht. Wir hängen unser weiches Dessertfleisch in den Pool und lassen uns auch sonst ein wenig gehen. Bald muss ich ja wieder fort, da sind wir dann wieder strenger zu uns selber. Die Frittierer kriegen uns nicht.

Wie gesund muss man leben?

Johnny, Philip und ich sind getrennt

Je älter ich werde, desto mehr stehe ich auf frisches Gemüse. Keine schmutzigen Verdächtigungen, bitteschön. Selbstredend bin ich bekennender Monogamist. Es geht hier nicht um Testosteron, liebe Leute, sondern um Vitamine. Zeitlebens habe ich großen Wert darauf gelegt, nicht zu viel davon abzubekommen. Ich habe mich stattdessen lange Jahre prächtig mit Mr. Johnny Walker und Mr. Philip Morris amüsiert, den treuen Burschen jedes Leberkitzeln und Lungenkribbeln verziehen; erst als meine sterbliche Hülle mir signalisiert hat, dass sie frühzeitig von mir abfallen könnte („So kann es nicht weitergehen, du A…), bin ich zur Besinnung gekommen und habe Johnny, Philip und die anderen Kumpels schweren Herzens vor die Tür gesetzt. „Fare Thee Well", Freunde, vielleicht sehen wir uns im nächsten Leben wieder.

Andererseits ist das vielleicht keine so gute Idee. Seither hat sich mein Tagesablauf grundlegend geändert. Sonntags residiere ich zum Beispiel nicht mehr beim verqualmten Kirchenwirt, sondern ziehe mich in die rauchfreie Küche zurück, schmökere dort in den „Bio-News" (Jahresabo!), schnipsle stundenlang Gemüse und fabriziere damit die g'schmackigsten, gesündesten, lebensverlängerndsten Gerichte dieser Welt, die ich dann mit dem Stolz eines Drei-Hauben-Kochs meinen Lieben serviere. Und wenn ich jetzt nicht mindestens 107 Jahre alt werde, bin ich aber ernsthaft sauer.

*„Ich hab dann jetzt meinen
fünften Papst und noch immer
meine zweiten Zähne."*

Die Sache mit dem Zungenschaber

Ich hab dann jetzt meinen fünften Papst und noch immer meine zweiten Zähne. Das sagt was über meine Jahresringe aus, aber noch mehr über die Qualität zeitgemäßer Zahnpflegeprodukte. Unsere Vorfahren, heißt es, haben sich junge Weidentriebe vom Baum gerissen und so lange darauf herumgekaut, bis der pelzige Geschmack wieder weggegangen ist. Später benutzte man Tierkohle oder Ziegelmehl zum Zähneputzen, bis ein Wiener mit dem schönen Namen Carl Sarg und dem schönen Beruf Fettwarenhersteller auf die Idee kam, Zahnpasta, so wie Künstlerfarben, in Tuben anzubieten.

Heute scheint unsereins ohne Interdentalbrause und Zungenschaber ja nicht mehr auszukommen, und schon der ganz gewöhnliche Zahnbürsteneinkauf mutiert zum Ausflug in die Science Fiction: Etliche Bürsten erinnern an die außerirdischen Geheimwaffen aus „Star Trek" oder „Transformers". Und gar nicht so wenige, auch das muss einmal offen ausgesprochen sein, sehen aus wie die Merchandisekollektion zur Kinoadaption von „Shades of Grey": überall Wülste, Zacken, Noppen, Gripverstärker, vor ein paar Jahren hätten sie so was nur unterm Ladentisch verkauft. Dazu Bleichmittel im Gurgelwasser und Zahnpasta mit extra Menthol. Zähneputzen sieht immer mehr nach Selbstzüchtigung aus, und nach Hygienestrafe. Kein Wunder, dass meine Generation so verzweifelt an das Einfache, Unverfälschte glauben will; bald greift der Erste wieder nach dem Weidenhölzchen.

Woran glauben wir?

Oma, Opa und Francesco

Um die Gesundheit des Herren im roten Rock, der feierlich, aber gefährlich schwankend verkündet hat, dass es einen neuen Papst gibt, habe ich mir ehrlich gesagt schon etwas Sorgen gemacht. Als dann aber der Neue selbst auf den Balkon getreten ist und lässig „Buona sera" in die Menschenmenge lächelte, dachte ich mir: cooler Kerl. Das könnte was werden.

Von Rom aus hat sich dann meine Erinnerung auf den Weg gemacht und ist sogleich im Heimatort sesshaft geworden. Dort, wo die geliebte Großmutter für den Blumenschmuck in der Kirche zuständig war und eines Tages den vorbeikommenden Volksschuldirektor gefragt hat, ob der kleine Bernd M. eh brav in der Schule sei. „Überhaupt nicht!", war die schroffe Antwort des unhöflichen Mannes. „Der ist eine echte Krätzen!" Noch nie habe ich meine Oma so ratlos und betroffen gesehen.

Die Erinnerung legt sich auch dorthin, wo der Großvater mit seinen großen Ohren und den noch größeren Augen als Mesner darüber gewacht hat, ob ich wohl nicht den Sonntagsgottesdienst frühzeitig verlasse. Die einzige Möglichkeit, der unverständlichen Predigt zu entkommen, war das Vortäuschen eines Ohnmachtsanfalls. „Geht's mit dem Buben endlich zum Arzt", hat der Opa nach dem fünften Umfaller zu meinen Eltern gesagt. Noch nie zuvor habe ich mich so geschämt. Die Großeltern sind längst tot. Aber die Erinnerung an sie ist mir heilig. Übrigens: Gutes Gelingen, Francesco!

„Ehret die Streber, sie können Leben bzw. Zeugnisse retten. "

Liebe und Abschreiben: unvereinbar!

Bei meinem Mathematiklehrer muss ich mich dann irgendwann noch einmal entschuldigen, für die gesundheitsgefährdenden Aufgabenhefte, die er immer von mir bekommen hat. Sämtliche Rechnungen: knapp vor dem Läuten noch rasch auf dem Schulklo abgeschrieben. An das Keimspektrum dort denke ich heute nicht mehr so gerne. Für positive Noten hat's meistens gereicht, und vor allem auch dafür, sich enorm abgebrüht zu fühlen, so als Schulklodesperado. Auf die Streber, die einem ihre Aufgaben zum Abschreiben borgten, schaute man eher herunter: juvenile Blasiertheit, die sich für Coolness hält. Gott sei Dank wächst sich so was aus.

Apropos wachsen: Der erste Schultag diente vor allem dem Zweck, einander die neuen Jeans aus dem Italienurlaub vorzuführen und sich zu überlegen, in wen man dieses Jahr verliebt sein würde (gar nicht so leicht, wenn die Jungs plötzlich mit Schuhgröße 46, frisch gewachsenen Adamsäpfeln und seltSAmen ACHterbahn-STIMmen aus den Sommerferien zurückkehren). Den neuesten Schwarm damit zu adeln, dass man die Matheaufgaben nur noch von ihm abschreibt, kann übrigens böse enden, z. B. wenn die Begabungen des jungen Herrn eher im musischen Bereich angesiedelt sind.

Deswegen: Ehret die Streber, sie können Leben bzw. Zeugnisse retten. Und: Liebe vergeht, sogar dann, wenn man das Matheaufgabenheft, das er (ER!) vollgeschrieben hat, auf dem Schulklo heimlich mit Küssen bedeckt.

Was sollte Schule machen?

Home Sweet Home

Der Urlaub ist vorbei, die Haut verbrannt, der Termin bei der Melanom-Ambulanz fixiert. Und all die guten Bücher, die sind auch gelesen. Ein Satz ist mir besonders in Erinnerung geblieben: „Der Sinn des Lebens ist es, ein sinnvolles Leben zu führen." Na wusch! Das ist große Weisheit und großer Schmarrn gleichzeitig. Ich werde beizeiten den Autor kontaktieren und ihm meine Glückwünsche zu diesem intellektuellen Spagat übermitteln.

Daheim hat sich in der Zwischenzeit nicht viel getan. Mein Vater hat mir wieder berichtet, wer im Ort verstorben ist und wer neuerdings mit wem unerlaubterweise … na, Sie wissen schon. Um die Ecke schießt gerade ein neuer Supermarkt aus dem Boden, den niemand mehr braucht; im Ortszentrum gibt es neuerdings ein „Woodstock-Café", in dem einige Gäste so aussehen, als wären sie vom Festival übrig geblieben. Home Sweet Home. Oder wie der Engländer so schön sagt: My Home Is My Kastl. Es sollte wieder Schule machen, sich mehr mit seiner eigenen Scholle zu beschäftigen, denk ich mir.

Demnächst wird eh mein alter Herr das Weite suchen und in südliche Gefilde abtauchen. Und ich werde daheimbleiben und ihm dann berichten, wer in der Zwischenzeit verstorben ist und wer neuerdings mit wem unerlaubterweise … na, Sie wissen schon. Und wenn ich Glück habe, kann ich ihm bei seiner Rückkehr von einem neuen Fingernagelstudio im Ort erzählen.

*„Zungenspitzenphänomen ist –
hurra, hurra –
eine Alterserscheinung."*

Kopfwackelhit

Käsehirn. Man kann es nicht anders nennen. Die Löcher werden mehr, und dauernd fällt etwas hinein in ihren schwarzen Abgrund, meine Schlüssel, die Brille, die Geldbörse, der Kochlöffel, mit dem ich die Kürbissuppe umrühren wollte: Alles gerade in der Hand gehabt, dann abgelegt, und kein Mensch weiß, wo.

Ich merke mir nichts mehr. Wo habe ich das Auto geparkt? Wann hab ich den Termin mit M? Und wen wollte ich vorhin ganz, ganz dringend anrufen? (Keine Ahnung. Es könnte in dem Moment der Papst sein, aber später fällt einem dann ein, dass man den Installateur sprechen wollte, wegen der kaputten Dusche.)

Im Radio läuft ein Song von dem Ding, der mit seiner Band einmal so einen Kopfwackelhit hatte und dann solo total erfolglos war, ein Album habe ich sogar, darauf hat der eine rosa Federboa um, die Stimme ist jedenfalls unverkennbar, und er heißt: Was weiß ich. Irgendwas mit B. Bowman? Borland? Zwecklos.

Unlängst habe ich gelesen, dass es sogar einen klinischen Fachbegriff dafür gibt: Es heißt Zungenspitzenphänomen, wenn man Dinge, die man eigentlich weiß, nicht aus seinem Hirn herauskriegt, und es ist, hurra, hurra, eine Alterserscheinung, nichts Ernstes, meistens fällt einem das Entschlüpfte später wieder ein, wie tröstlich, und der Sänger heißt Kevin Rowland. Sag ich doch, was mit B.

Aus den Augen, aus dem Sinn?

Oxford-Blues

Jetzt ist er also fortgeflogen, mein Kleiner. Fort nach Oxford, zehn Tage Sprachreise. Nicht, dass ich mir Sorgen mache, aber was da alles passieren könnte. In diesem Alter: 16. Er könnte sich: verkühlen, verkutzen, verätzen, verirren, verlieben.

Vor allem das: verlieben. Er könnte sagen: „Her mit den kleinen Engländerinnen!" Und die kleinen Engländerinnen könnten sagen: „Her mit dem kleinen Österreicher!" Und dann brechen sie ihm das Herz, und ich bekomme ihn in ganz kleinen Teilen zurück, meinen Kleinen. Wagt es also nicht, ihr wollüstigen Fish&Chipndales, die fettigen Finger weg von meinem Julian, das ist ein guter Junge, der nichts von euch wissen will!

Nicht, dass ich mir Sorgen mache, kann in Wahrheit eh nichts passieren, in diesem Alter. Da treiben sich die Jungen ohnehin nur in Buchhandlungen herum, trinken literweise Orangensaft und sitzen abends mit ihren Gasteltern vor dem Fernseher und schauen sich Dokus über das britische Königshaus an.

Damals übrigens, als man noch zügig auf die Insel fuhr und ich knackige 14 war, winkten mir meine Eltern auf dem Bahnhof nach London hinterher. Vater war der Indianer, der keinen Schmerz zeigte. Mutter die Squaw, die einen Waggon voll Tränen mit auf Reisen schickte. Die Transportmittel ändern sich, Rollenbilder offenbar nicht. Komm gut heim, mein Kleiner!

*„Ich laufe bis heute, das soll mir der
Zastava nachmachen!"*

Keine Chance

Letztens ist sie wieder jemandem aufgefallen, meine fette Narbe am linken Schlüsselbein. Die schmückt mich seit mehr als 20 Jahren; ich verdanke sie einem Abend auf der Insel Rab, es wurde gezecht und getanzt, und zum Abschluss fuhr mich der Kellner des Lokals über den Haufen. Mit seinem Zastava. Der Zastava war ein in Jugoslawien gefertigtes Auto, das sehr gut stinken, aber nicht sehr gut fahren konnte. Zum Schädenanrichten reichte es aber, im Schädel-Schulter-Bereich, der mir in einem Spital in Rijeka einigermaßen erfolgreich wieder zusammengeschraubt wurde.

Zu essen gab es jeden Tag Kartoffelgulasch und Rote Rüben. Auch zum Frühstück, aber Erinnerung soll ja trügerisch sein.

Irgendwo liegen noch Fotos, auf denen ich nicht wahnsinnig frisch aussehe. Leider sind keine Fotos des Zastava überliefert, besser als ich hat der sicher auch nicht ausgeschaut. Wenn man mich fragt, war das damals ein Unentschieden. Und ich laufe bis heute, das soll mir der Zastava nachmachen!

Seit ich frisch in Istrien verliebt bin, fällt mir eine beklagenswerte Abwesenheit von Zastavas auf. Sie werden nicht mehr gebaut, und weil auch die Narbe verblasst, werden die Anlässe, mit der Geschichte anzugeben, weniger.

Schade, wer hört nicht gerne von Schnaps, Blut, Roten Rüben und einem Auto, das gegen einen steirischen Quadratschädel keine Chance hatte?

Welche Urlaubserinnerung verblasst nie?

Ohne Klimaanlage

Geneigte LeserInnen: Damit Sie mir weiter zugeneigt bleiben, empfehle ich Folgendes. Falls Sie gerade beim Frühstück sitzen, unterbrechen Sie bitte kurz die Lektüre dieser Kolumne – und lesen Sie nach der Eierspeis weiter.

Fertig und wieder hier? Danke. Weil nämlich: Es geht jetzt um eine kindliche Unart meinerseits, die sich in der Zwischenzeit zum Glück ausgewachsen hat. Die Unart: spontanes, wiederholtes Magenentleeren im Zuge der Anreise zum elterlich vorbestimmten Urlaubsziel. Auf gut Deutsch: Mir wurde als Kind beim Autofahren immer furchtbar schlecht.

Und damals hatte man beim Reisen noch so richtig viel Zeit zum Schlechtwerden. Nix rein in den Flieger und in zwei Stunden raus in Tunesien und rein in den voll klimatisierten 5-Sterne-Bunker, so wie heute.

Damals quetschte man sich rein ins brütend heiße Auto (keine Klimaanlage!), stellte sich auf der Straße brav in die Schlange (keine Autobahn!) und war circa 15 Stunden und 15 Magenentleerungen später in der jugoslawischen Herberge (keine 5 Sterne). Der Vater ein Nervenbündel, die Mutter geplagte Diplomatin vom Dienst, der Bub ein wahrer Kotzbrocken. Schön war's trotzdem.

Und das Allerschönste: Am Meer hat sich mein Magen in Sekundenschnelle beruhigt. Schlecht wurde mir nur, wenn ich an die Heimfahrt dachte.

„Grünblaue Fingernägel
sind nicht schön."

Beige ist der Tod

Verzweiflung gebiert Grauen, ich zum Beispiel habe derzeit grünblaue Fingernägel und jede Menge Mitmenschen, die dem spontanen Bedürfnis nachgeben, vor mir zurückzuweichen. Grünblaue Fingernägel sind nicht schön. Das habe ich im Zuge einer mehrtägigen Betrachtung herausgefunden. Mehrtägig, weil irgendwer, vermutlich ich, vergessen hat, eine neue Nagellackentfernerflasche zu besorgen.

Am Grünblau ist in gewisser Weise Iris Apfel schuld, eine uralte New Yorker Dame, die es durch den tollkühnen Farb-, Material- und Mustermix ihrer Garderobe oder eine nicht diagnostizierte Farbenblindheit zur Stilikone in allen möglichen Gazetten gebracht hat, die hörte ich im Fernsehen einmal „Beige ist der Tod" sagen, und recht hat sie.

Man kann sogar dem eigenen Kleiderschrank beim tödlichen Verbeigen zusehen, wenn man ab einem gewissen Alter nicht wahnsinnig aufpasst. Denn auf einmal verkaufen sie einem in den Geschäften nur noch Sachen in Sand, Nude, Biscuit, Camel, Powder, Taupe, Creme, Cashew, Smoke, Smog, Haut, Elfenbein, Natur, Vanilla, Cafelatte, Schlamm und Mud, und erst zu Hause erkennt man, das ist ja schon wieder Beige.

Schon greift man nach der grünblauen Flasche, um seinem modischen Verbleichen entgegenzuwirken, verfolgt vom falben Gelächter einer Modeindustrie, die findet, der Tod steht mir gut.

Was bringt uns zum Lachen?

Zum Fremdschämen im Keller

Derzeit habe ich nicht viel zum Lachen – Fasching ist. Und ein ganz besonders langer noch dazu. „Ha ha", sagt der Clown? Nein, angesichts der Horden von Amateurnarren zieht sich der Clown zum Fremdschämen in den Keller zurück und kommt erst dann wieder raus, wenn der faule Zauber vorbei ist. Wenn Sie jetzt glauben, dass ich ein humorloser Zeitgenosse bin, glauben Sie ganz richtig. „Geht's dir eh gut?", hat mich der Junior unlängst ganz besorgt gefragt. „Alles okay, warum?", raunze ich zurück. „Weil du gerade gelacht hast!" Ich kläre das Missverständnis sofort auf. „Da musst du dich verhört haben, das war nur ein Husten." Man hat schließlich einen Ruf zu verlieren.

Ich zum Beispiel gelte innerhalb des Familienverbandes als traniger Grantler, als Schopenhauer für Anfänger, als miesepetriger Rühr-mich-nicht an, kurz: als Gegenentwurf jener Zeit, die ich gerade durchleiden muss. „Nur mit Worten bist du witzig!", sagt die beste aller Ehefrauen. „Auch Charlie Chaplin war privat kein Gaudewipferl", fauche ich. Wenn ich meine dunkle Seite ausleben möchte, muss ich – in den Keller. Und treffe dort – den Clown. „Alter", sage ich dann zu ihm, „das Leben ist oft wunderschön und gar nicht so unlustig." Dann strahlt er über das ganze Gesicht und spricht: „Ein weises Wort." Und dann zerkugeln wir uns beide.

„Krrrchch ist der Abstand zwischen den Schuhbändern und der Stelle, an der die Schmerzen anfangen.“

Die Joggingschuhe Gassi führen

Also eigentlich habe ich ja überhaupt keinen Grund, mich zu beschweren. Das Wetter ist besser geworden, da rafft man sich gleich viel leichter dazu auf, erstmals in diesem Jahr die Joggingschuhe Gassi zu führen. Und hey, die Sonne scheint, die ersten Veilchen geben einem was zu riechen, also alles super, wenn man seine Standards tief genug legt. Dann wurmt es einen auch gar nicht so arg, wenn die Lauf-App sagt: Durchschnittsgeschwindigkeit 7 km/h, Puls: 150. Gut, das mit dem Halbmarathon wird in diesem Jahr also auch eher nichts. Aber richtig demütigend wird es erst, wenn man sich nach Abschwitzen und Ausschnaufen die Schuhe aufzuschnüren versucht, und tief im Kreuz sagt etwas: gna. Genau genommen sagt es eher krrrchch.

Krrrchch bezeichnet den Abstand zwischen den Schuhbändern und der Stelle, an der die Schmerzen anfangen. Gottlob kennt man Menschen, die sich von Berufs wegen mit knarzenden Gelenken beschäftigen. Die ruft man um Rat und Hilfe an und hört dann: Wie alt bist du jetzt? Ah so, ja dann. Gewöhn dich dran. Und dafür hast du studiert, du hippokratische Schande?

Fragt man natürlich nicht. Man kauft sich Schmerzgel, schmiert und wartet auf Schlechtwetter, das einen wieder aller sportlichen Verpflichtungen entledigt.

Wie sportlich
wird der Frühling?

Mäuse & Menschen

W er war das? Wer hat meine fast neuwertigen, schweine-teuren Laufschuhe ins Gartenhaus geräumt? Leute, da ist jetzt Mäusekacke drinnen! Echt wahr. Ist ja eklig. Jetzt kann ich die Dinger unmöglich verwenden. Nicht dass ich das unbedingt vorgehabt hätte, aber ich hätte gerne die theoretische Möglichkeit gehabt, um fünf Uhr früh aus dem Bett zu kraxeln und gemeinsam mit den anderen voll glücklich dreinschauenden Morgenläufern meine Runden zu drehen und selig lächelnd ins Leiberl zu schwitzen. Wieder nix! Und wer ist schuld daran? Natürlich hat sich niemand gemeldet und zugegeben, dass er meine Schuhe versaut hat.

Und den Griller, den hat auch jemand ins hinterste Eck des Gartenhauses gewuchtet. Wer war das? Warum frag ich überhaupt? Wie das fast neuwertige Ding jetzt aussieht – völlig verbeult und verrostet. Nicht dass ich unbedingt vorgehabt hätte, mich gemeinsam mit den anderen voll glücklich dreinschauenden Männern in die Gluthitze zu stellen und dort mich und meine Koteletts verbrutzeln zu lassen. Aber, genau, zumindest die theoretische Möglichkeit dazu hätte ich gerne gehabt. Und jetzt? Muss ich mich wieder beim Nachbarn zur Grillerei einladen.

Blöd gelaufen. Was helfen die besten Frühlingsvorsätze, wenn einem die Mitmenschen ständig das Haxl stellen?

„Meine Gedanken sind finster
wie die Feinstaubwolken
über Peking."

Ich bin Rambo

Überall Frühling, nur meine Gedanken sind finster wie die Feinstaubwolken über Peking. Meine Bemühungen, herauszufinden, wo man um diese Jahreszeit schon einen Super Soaker kaufen kann, waren noch nicht von Erfolg gekrönt. Der Super Soaker ist, wenn ich das richtig verstanden habe, die Panzerfaust unter den Wasserpistolen, mit enormer Reichweite. Ich brauche ihn zur Selbstverteidigung, rambomäßig gedacht, und zwar gegen die vermaledeite Katze, die mir ständig in den Garten scheißt.

Nichts gegen Katzen, aber sie soll das lassen. Oder einen Garten weiterziehen, ich leihe den Super Soaker dann auch gerne her.

Vielleicht mag die Katze ja, dass es bei mir so schön ruhig zugeht. In den Gärten ringsum werden derzeit unablässig Anbauflächen umgestochen und Sträucher geschnitten. Ich beschränke mich darauf, den Veilchen beim Duften zuzuschauen. Am liebsten würde ich ja jetzt schon in der Wiese liegen, davon allerdings halten mich Kälte und Katze derzeit noch ab. Seit mir ein kluger Kerl erklärt hat, dass der Mensch sich am ökologischsten verhält, wenn er nur herumliegt und nichts tut, fühle ich meinen Müßiggang endlich auch legitimiert: Ja, seid nur alle fleißig. Ich rette den Planeten, indem ich in der Wiese liege. Katzen, die schon am Klo waren, können mich gerne besuchen kommen.

Was ist jetzt zu tun?

Was meinst du mit „wir"?

Aber heuer machen wir einen Garten, dass die Chelsea Flower Show im Vergleich dazu eine trostlose Gstätten ist." Sage ich zur besten aller Ehefrauen und ernte dafür diesen messerscharfen Blick, der bedeutet: „Was meinst du mit ‚wir'?" Nicht, dass sie unrecht hätte, aber nach so vielen Ehejahren müsste sie sich eigentlich mit der Ordnung der Welt abgefunden haben: Die einen sagen, die anderen tun. Die einen liefern den gedanklichen Überbau, die anderen sorgen für den praktischen Unterbau. Die einen sind Philosophen, die anderen Handwerker.

Der Blick sagt mir jetzt, dass diese Gewaltenteilung doch nicht ihre Zustimmung findet. Dabei wäre es so einfach und zweckdienlich. Mit wertvoller Literatur unterm Arm („Die große Enzyklopädie des Gartendesigns", „Das Vorher-Nachher-Gartenbuch", „Kreative Lösungen für Problemzonen im Garten") schreite ich über die Grünfläche und gebe wertvolle Tipps, wie wir es „aber heuer" besser machen könnten.

Mit wertvoller Gerätschaft unterm Arm (Schaufel, Rechen, Arbeitshandschuhe) schreitet die beste aller Ehefrauen voll Bewunderung an meiner Seite – und dann zur Tat. Überbau und Unterbau. Philosoph und Handwerker. Aber dann wieder dieser Blick, der mir sagt, dass sich „aber heuer" in unserem Garten aber gar nix ändern wird. Schade eigentlich.

„Dieses Illustriertengegacker über das Superaussehen all der Promimütter geht mir elendig auf die Nerven."

Schneller Fleischfliegentod

As ich die Wurstfachverkäuferin auf die auf dem Leberkäse wohnhafte Fleischfliege hinweise, sagt sie: „Ah ja." Und ich muss mir jetzt einen neuen Supermarkt suchen, weil ich nicht darüber nachdenken will, was der Leberkäse schon alles erlebt hat, ehe er auf meinem Tellerchen zu liegen kam.

Fleischfliegen: Wäh. Sonst: alles gut, bis auf Beyoncé. Nichts gegen Beyoncé, sie ist sehr schön und soll auch sehr gut singen, und weil sie jetzt nach der Babypause wieder auftritt, bin ich ihr in einem Wartezimmer begegnet: Alle Illustrierten waren voll von ihr. Und zwar nicht, weil sie singt, sondern weil sie kurz nach der Geburt aussieht, als wäre nie etwas gewesen. Keine Ahnung, was sich Beyoncé alles hat absaugen lassen, um showbizmäßig allen Anforderungen zu genügen. Aber dieses Illustriertengegacker über das Superaussehen all der Promimütter, die kurz nach der Entbindung mit Hohlbauch und piperldünnen Haxen über Laufstege und rote Teppiche stöckeln, geht mir elendig auf die Nerven.

Wann hat der Wahnsinn angefangen, dass man Frauen nicht mehr ansehen darf, dass sie ein Kind zur Welt gebracht haben? Ein paar Kilo mehr auf den Hüften sind doch in der ersten Zeit der Mutterschaft der Energiespeicher, den man ziemlich dringend braucht, wenn man sauwenig schläft und viel stillt. Und dann machen einem bunte Blättchen auch noch ein schlechtes Gewissen. Aber die sind ja auch für nix gut, außer vielleicht für einen schnellen Fleischfliegentod. Und das ist noch fast zu viel der Ehre.

Viel Feind, viel Ehr?

Über Stradivaris und Beutelratten

Ein neues Lebensjahr ist ein guter Anlass, Bilanz zu ziehen. Was steht auf der Habenseite, was auf der Sollseite? Auf wie viele gute Jahre darf ich noch hoffen? Wann werde ich mir einen Rollator anschaffen müssen, wann über eine Haartransplantation nachdenken?

In grüblerischen Stunden wie diesen lege ich dann meinen geliebten Robert Zimmermann auf und heule mit ihm zu den Klängen von „Forever Young" im Chor. Ich habe: Eine wunderbare Familie, Freunde zum Pferde stehlen, einen kreativen Beruf, einen gefüllten Kühlschrank, genug Unterhosen und Socken zum Wechseln, ein Dach über dem Kopf und ein Auto, das mich von Punkt A nach B bringt. Was fehlt mir also? Ein Feind! Ein bitterböser, zorniger, neidischer Mensch, für den ich die Stradivari unter den A....geigen dieser Welt bin, die Gibson unter den Heißluftgitarren. Ein Mensch, der mit Schaum vor dem Mund geifert: „Diesen BM, am liebsten würde ich ihn zum Mond schießen oder zumindest auf eine Kreuzfahrt mit Hansi Hinterseer oder dem Fidelen Gummistiefeltrio schicken.

Vielleicht gibt es ihn ja, diesen Menschen, für den ich die größte Beutelratte auf Gottes Erdboden bin, nur: Ich kenne ihn nicht. Und welchen Sinn macht ein Feind, wenn man nicht weiß, dass er existiert? Zeig dich also, Feind! Beschimpf mich, verfluch mich, sag mir, dass ich gar nicht nett bin. Es wäre mir eine Ehre.

Der Mensch tropft halt

D as ist kein schönes Thema, aber da müssen wir jetzt beide stark sein, Sie und ich. Letzten Samstag habe ich zum
ersten Mal in diesem Sommer getropft. Es war in Italien und es
hatte 36 Grad und ich bin zur Mittagszeit auf einen Turm gestie-
gen, da braucht man sich nicht wundern, wenn das Deo aufgibt.

Man braucht aber auch nicht auf Nachsicht hoffen, wenn man
schwitzt: Noch nie galt Transpirieren als so unfein wie heute,
kommt mir vor; gut gekämmten jungen Frauen z. B. entfahren
unwillkürlich Wöah-Laute und hysterisches Händeflattern, wenn
man nur davon spricht. Der Effekt hat sich verstärkt, seit körperli-
che Arbeit immer exotischer wird; Schwitzen darf man nur noch
im Fitnessstudio. Und dann aber rasch unter die Dusche!

Dafür muss man Sommertage wie diese schätzen. Sie wirken als Hysteriebremse, weil sie an Wesentliches erinnern: Der
Mensch tropft halt. Im Allgemeinen eh nur dann, wenn er sehr,
sehr jung ist oder sehr, sehr alt, wenn er Schnupfen hat oder
wenn es heiß ist.

Der hitzeresistenteste Organismus, den ich kenne, ist übrigens mein Vater. Der verhält sich in Sachen Hochtemperatur
und Wasserbedarf, als wäre er eine dieser riesigen Kandela-
berkakteen, die, soweit ich weiß, sehr gut mit dem Tau aus-
kommen, der nachts auf sie fällt. Wenn man meinen Vater zum
Trinken auffordert, sagt er: Mir schmeckt aber Wasser nicht. Da
kann man dann nichts machen, man kann nur den Kopf schütteln, dass die Tropfen fliegen.

Wann brauchen wir
eine Abkühlung?

Ich bin verschnupft!

Ich liebe Tom Waits. Das ist ein begnadeter Musiker und ehemaliger Saufkopf (jetzt trinkt er angeblich nur noch grünen Tee), dessen Stimme so klingt, als hätte ein räudiger Straßenköter im Studio auf die Tonbänder gepinkelt. Nun, jetzt wissen Sie, wie ich derzeit klinge. Schuld daran ist das Klimagerät, das in meiner Schreibstube für Abkühlung sorgen soll. Tut es auch wunderbar. Die Kollateralschäden sind allerdings beträchtlich. Eine Stimme wie Waits, ein Husten wie die langjährigen Testraucher von Philip Morris, eine Schleimproduktion wie mein Großvater selig. Nur die Apotheke im heimatlichen Hausmannstätten profitiert von meiner maroden Fieberköpfigkeit und freut sich riesig über unerwartete Rekordumsätze.

Um mein angeschlagenes Inneres mit einem möglichst strahlenden Äußeren zu kompensieren, griff ich neulich tief in die Trickkiste und förderte daraus eine weiße Leinenhose und ein ebenso weißes Leinenhemd hervor. Vor einigen Jahren noch hatte mir dieses Outfit große Häme und den Beinamen „Professor Brinkmann" eingebracht, doch ich dachte mir: Kein Mensch heutzutage weiß mehr, was die Schwarzwaldklinik ist.

„Na, Herr Professor Brinkmann, ordinieren Sie wieder?", fragte eine herzallerliebste Kollegin, die ich nun von der Liste der herzallerliebsten Kolleginnen streichen muss, als ich im Hof ein kleines Sonnenbad nahm. Ich knurrte wie ein räudiger Straßenköter und zog mich verschnupft in meine unterkühlte Schreibkammer zurück.

Wir werden die Einzigen sein

Meinen Geburtstag habe ich dieses Jahr mit einem vega-
nen Frühstück begangen, weil ich gerade in Wien war,
wo es so etwas jetzt gibt, und weil eine Mahlzeit, die Hummus
enthält, nie ein Fehler sein kann. Insgesamt war ich in Ernäh-
rungsangelegenheiten in letzter Zeit eher tapfer, bis es zu einer
ungeplanten und im Nachhinein unschön zu nennenden Be-
gegnung mit den Erzeugnissen der Firma Manner kam. Diese
verlief dergestalt, dass jetzt die Waage spinnt. Hoffe ich.

Es ärgert mich übrigens, dass ich in Gewichtsangelegenhei-
ten nicht souveräner bin, es gibt ja wirklich reichlich Wichtigeres, um das man sich im Leben kümmern könnte. Aber grad
rund um das Wiegenfest steigt gerne die leibliche Empfindlich-
keit: Wieder ein Jahr älter, aber nach den Feierlichkeiten fühlt
es sich eher an wie sieben. Und so sieht es auch aus! Dörtchen
findet, wir sollten unseren Frieden damit machen, dass wir ca.
so alt aussehen, wie wir sind, aber über unseren gemeinsamen
Schlachtruf „Wir sehen doch nicht aus wie 65!" (einer selbstbe-
wussten und definitiv keinen Tag jünger aussehenden Sacher-
tortentantenrunde in der Konditorei unseres Vertrauens abge-
hört), lachen wir dann doch jedes Jahr ein Stückchen leiser.

Und das heldenhafte Aussitzen der eigenen Verrunzelung
wird nicht einfacher dadurch, dass sich rund um einen die Ge-
sichter mit Hyaluronsäure und Botox füllen. Irgendwann werden wir aussehen wie 65, sage ich zu Dörtchen. Und weißt du
was: Wir werden die Einzigen sein!

Brauchen wir Helden?

Das Schreibtischfoto

Es gibt da ein Foto von JJ (Junior Julian) und mir, das einen Ehrenplatz auf meinem Schreibtisch hat (neben einer kleinen Voodoo-Puppe aus Ton übrigens, in die man kleine Nadeln stecken kann, um so aus der Ferne weniger angenehme Zeitgenossen zu piesacken). Auf dem Foto sitzt JJ in einem alten Korbsessel und blickt zu mir hoch. In seinen Augen steht geschrieben: „Du, Papa, bist mein großer Held!" Und in meinen Augen steht geschrieben: „Ach, Sohn, du hättest es schlimmer treffen können mit deiner Auswahl."

Auf dem Foto liegt eine dünne Staubschicht, der Korbsessel ist mittlerweile auf dem Müll gelandet, und JJ durchlebt gerade die Schrecknisse eines Kriegsschauplatzes namens Pubertät.

Die Scharmützel fordern Kollateralschäden auf allen Seiten, wenngleich JJ der tiefsten Überzeugung ist, dass nur er das Opfer ist und der Täter einen anderen Namen hat: Vater. Kurz: Die Sache mit der Heldenverehrung hat sich erledigt. Das tut weh, echt wahr! Vor allem auch deshalb, weil der kleine Verräter das Heldentum ja nicht gänzlich abgeschafft, sondern nur die Fronten gewechselt hat. „Der Opa ist der einzige Mensch in der Familie, der wirklich chillig ist", feuerte der junge Krieger unlängst in meine Richtung.

„Könntest du dich bitte hinsetzen und kurz zu mir hochschauen", bat ich deshalb die beste aller Ehefrauen. – „Warum?" – „Weil ich ein neues Schreibtischfoto brauche."

Zwiegespräch mit Apfelstrudel

D ass meine Schienbeine aussehen wie die finnische Seen-platte (alles voller blauer Flecken), liegt daran, dass ich jeden Morgen gegen den Küchentisch renne. AU, sage ich zum Tisch, geh weg, du Kuh! Der Tisch antwortet nicht, er ist wohl beleidigt, am nächsten Morgen wirft er sich mir erneut in den Weg. Einmal noch und du kommst in den Ofen!, drohe ich.

Ja, ich rede mit meinen Möbeln. Ich rede auch mit dem Duschkopf („Nicht so heiß!") und mit dem Apfelstrudel („Bist du gut!"). Meine Welt ist durch und durch beseelt, da wird jeder Stein, jede Pflanze, jedes Tier zum Gesprächspartner, auch jeder Gegenstand, z. B. der Müllkübel („Jetzt bist du schon wieder voll!"). In der Fachwelt gilt diese Art des Animismus als „primäres Erlebnis der kindlichen Psyche", die nicht zwischen der toten und der belebten Welt unterscheiden kann, schönen Dank auch.

Andererseits ist der Animismus typisch für Jäger- und Sammlerkulturen, und das erklärt Gott sei Dank alles. Ich finde ja nie was, ich jage und sammle in einer Tour, die Brille, das Handy, den Schlüssel, das Buch. Alles ist immer weg, erst ein ausgeklügelter Beschwörungsritus, bestehend aus Rufen, Locken, Drohen, Fluchen zaubert die Dinge zurück in mein Blickfeld. Nur den Küchentisch brauche ich nicht suchen, der findet mich. Jeden Morgen. Tür auf, rums. AU!

Wie spirituell sind wir?

Der Weg zur Erleuchtung

Aufmerksame Leser dieser Kolumne wissen, dass auch ich für (sehr) kurze Zeit dem Fitnesswahn verfallen war und im Schlafzimmer einen Hometrainer stehen hatte. Ich bin längst zur Vernunft gekommen und habe das Foltergerät auf den Balkon verfrachtet, wo es vor sich hin rostet. Dieser Phase der Körperlichkeit folgte die Phase der Spiritualität. Und dort, wo früher der stählerne Schweißtreiber stand, befindet sich jetzt ein Glastisch, den die beste aller Ehefrauen mit einem mitleidigen Lächeln den „Altar" nennt. Darauf befinden sich: tibetische Gebetsfahnen, Buddhafiguren, hinduistische Götterbilder, Räucherstäbchen und viele, viele Bücher, die mir den Weg zur Erleuchtung weisen sollen.

Ganz neu in dieser Sammlung ist ein Werk mit dem Titel „Den Dämonen Nahrung geben". Dabei geht es darum, die negativen Kräfte in uns nicht zu bekämpfen, sondern sie liebevoll zu füttern und dadurch zu besänftigen. Ehrlich gesagt, ich übe noch. Vor allem der nicht ganz unkomplizierte Schritt, sich selbst in süßen Nektar zu verwandeln, damit sich die kleinen Teufel in mir den Wanst vollschlagen können und dann zufrieden Bäuerchen machen, bereitet mir noch einige Schwierigkeiten. Aber niemand hat gesagt, dass der Weg zur Erleuchtung leicht ist.

Und außerdem haben wir einen großen Balkon.

„Ich stelle mir oft vor,
wie schön es wäre,
Gärtner zu sein."

Blutzoll des Zwetschkenwildlings

Letztens ist mir erstmals aufgefallen, dass es nie einfach Frühling wird, sondern immer endlich! Frühling! Erkennbar ist das nicht zuletzt an den plötzlichen Schanigartenwucherungen in der Fußgängerzone. Obwohl: Heute kann man das amüsierwillige Jungvolk ja sogar bei Frost und Blizzard draußen unterm Heizschwammerl bechern sehen; so wird das Jahreszeitenerkennungsfrühwarnsystem des Stadtmenschen schleichend außer Kraft gesetzt.

Wenigstens ist der Garten nach der langen Stehzeit klaglos angesprungen. Gestern hat mich das erste Veilchen angelächelt, der Bärlauch wächst, als gäbe es dafür eine steuerbegünstigte Prämie, und letztes Wochenende haben die Handsäge und ich endlich den Zwetschkenwildling erlegt, der mir schon seit drei Sommern die Hängematte mit Fallobst zugesaut hat. (Der Stamm war so dick wie mein Oberschenkel. Das nur zur Illustration meiner Leistung.)

Der Herzbube, der gleich einmal blitzartig befand, dass ein dreistündiges Nachmittagsschläfchen überfällig wäre, als er mich schwer bewaffnet aus dem Keller kommen sah, wachte dann auch pünktlich auf, als ich mit Sägen, Schwitzen, Bluten, Fluchen fertig war, und den Rest des Nachmittags haben wir in einem frisch aufgepflanzten Schanigarten verbracht, bei Räucherfisch und Sang und Klang und allerlei Traubensäften. So betrachtet ein rundum gelungener Frühlingsbeginn, von meinem angesägten Knie einmal ganz abgesehen.

Was bringt uns zum Erblühen?

Durch die Blume

W enn man in einem Beruf arbeitet, der nicht sehr nachhaltig ist (Nein, es gibt tatsächlich nichts Älteres als die Zeitung von gestern!), wünscht man sich in dunklen Stunden eine Profession mit mehr Bestand herbei.

Ich persönlich stelle mir oft vor, wie schön es wäre, Gärtner zu sein. Als solcher hegt man, pflegt man, bringt Blumen zum Erblühen, lebt ein erdverbundenes Leben im Kreislauf der Natur und geht dem großen Schöpfer als zufriedenes Helferlein zur Hand. Das ist die Theorie.

In der Praxis wollen noch einige Hecken überwunden werden. Sobald die emsigen Bienchen ihr Wunderwerk vollbringen und Blütenstaub durch die Lüfte karren, plagt mich ein Heuschnupfen und ich taumle als zugeschwollenes Cortison-Monster über die Wiesen. Sobald ich Gartengerät in die Hand nehme, fahren flugs an allen Fingern meiner Künstlerhände dicke Blasen auf, die nur durch rigoroses Nichtstun geheilt werden können. Und sobald ich den Rasenmäher anwerfe, stürmt mein Vater herbei: „Lass das, du tust dir nur weh", sagt er. „Danke, du kannst das eh viel besser", sag ich.

So sitze ich also im sonnendurchfluteten Haus auf der Couch, pflege meine wunden Hände, keine Pollen plagen mich, der herzensgute Vater mäht den Rasen, die beste aller Ehefrauen hegt das Blumenbeet. Sie ist doch tatsächlich total schön, die Gärtnerei, denke ich mir – aus sicherer Entfernung.

„Nur eine versäumte Beckenübung ist eine gute Beckenübung."

Voll toll: regelmäßig turnen!

Rückenlage. Schultern auf den Boden! Beine abwinkeln! Jetzt das Becken anheben!" Sauanstrengend ist das, aber das ist der Vorturnerin egal: „Ein Bein ausstrecken", kommandiert sie, „anheben und laaangsam kreisen lassen. Achtmal nach links, achtmal nach rechts." Könnten meine Hinterbacken sprechen, würden sie sich in dem Moment von mir lossagen: Okay, wir haben viel miteinander ausgesessen, aber jetzt reicht's uns mit dir. Quäl jemand anders. Und tschüss. Schon wieder habe ich mich in einen Turnkurs eingeschrieben. Einmal im Jahr packt es mich und ich melde mich im Fitnessstudio an, oder zum Wirbelsäulen-, Ausdauer-, Bauchbeinepotraining.

Die schönste Katastrophe trug den Prachttitel „Fatburner": Da sollte ich rhythmisch im Karree hüpfen und dazu mit den Armen wacheln, vorzugsweise anmutig und im Takt. Dass man mir das zutraut: Dankeschön! Genauso könnte man von mir verlangen, dass ich Michelangelos David nachmodelliere. Als Kastanienmandl.

Jedenfalls: Turnkurs. Alle sind fitter als ich, schlanker als ich und schicker angezogen. Verlangt die Vorturnerin acht Liegestütze, machen sie zwölf (ich: vier). Und alle sehen aus wie von Michelangelo modelliert. Ich bin das einzige Kastanienmandl. Sogar beim Umziehen bin ich die Langsamste, aber das ist Absicht: Nur eine versäumte Beckenübung ist eine gute Beckenübung. Trotzdem kann ich angeben, dass ich jetzt wieder re! gel! mäßig! turnen gehe.

Was gibt uns Kraft?

Regelmäßig eine Riesenkrise

Im Herbst, wenn sich die Blätter verfärben und die Natur für ein paar Monate unter die Tuchent kriecht, bekomme ich regelmäßig eine Riesenkrise. Nicht dass ich im Frühjahr, Sommer und Winter keine Krise bekäme, aber im Herbst ist sie besonders groß. Weil, eh schon wissen: Kreislauf der Natur, Kreislauf des Lebens. Herbst ist Abschied, Endzeit, Tod. Deshalb beschließe ich jeden Herbst, nie zu sterben.

Aber für das ewige Leben braucht es Kraft. Und was gibt uns Kraft? Genau! Ingwertee mit Zitrone. Oder Orangenblütentee. Oder Zitronenstrauchtee. Oder Grüner Tee. Oder Weißer Tee. „Grüß Gott, lieber Herr M., wie viele Kilo Tee dürfen es denn heute sein?", begrüßt mich die Apothekerin freudig. Kein Wunder, jeden Herbst steigt ihr Umsatz um geschätzte 90 Prozent. Nicht nur durch meinen exzessiven Teekonsum. Auch ihr Absatz von Salben und Tinkturen aller Art steigt im Herbst sprunghaft an. Ein Stechen in der Schulter hier, ein Ziehen im Knie dort, ein undefinierbarer Schmerz im Rücken, ein eigenartiges Kribbeln im … – das geht jetzt etwas zu weit.

Kurz: Vieles muss geschmiert, geölt, getupft, kuriert, repariert werden, wenn die Blätter des Lebens abzufallen drohen. Und so sitz ich dann am Abend neben dem Kachelofen. Die Teetasse in der linken Hand, die Schmerzsalbe in der rechten. Ist recht mühsam, das ewige Leben.

Nächstes Mal nehme
ich den Ecksitz

Weil ich wieder einmal zu spät aus dem Büro komme, muss ich gleichzeitig den Taxifahrer antreiben und Onkel Hermi abwimmeln, der schon zum zweiten Mal anruft und wissen will, wo ich zum Teufel bleibe. Im Theater gongen sie bereits, gottlob kümmert sich Hermi um die Garderobe, sonst müsste ich im Mantel da hinein, und dann lasse ich auch noch die Karten an der Kasse liegen.

In dem ganzen Chaos begrüße ich erst Andreas und Maxi, dann Karin völlig inadäquat, die sehen mich nur panisch an ihnen vorbeirasen, bis mich Hermi gütig, aber bestimmt ins Parkett schubst, siebente Reihe Mitte.

Dann geht es los, auf der Bühne stellen sie nach Leibeskräften Kunst dar, und ich muss mich die ganze Zeit zusammenreißen, weil eines ist sich vorher nicht mehr ausgegangen, und man nennt mich nicht von ungefähr: die Hamsterblase.

Da lob ich mir das Fernsehen, da hab ich 2277 Programme, WDR Bielefeld, Saudi 1, Viva Hungary und Traumgirls TV, dazu den friedlich schnarchenden Herzbuben neben mir und keine neun Wildfremden, denen ich im Finsteren auf die Zehen steige, weil ich etwas Unaufschiebbares zu erledigen habe. Andererseits: Boah, ist das auf Dauer langweilig!

Wenn Sie also jemand demnächst im Theater, Kino oder Kabarett in letzter Sekunde hektisch durch die Tür raspeln sehen: Ich bin's. Ich bin wieder einmal zu spät aus dem Büro gekommen. Nächstes Mal such ich mir aber einen Ecksitz aus. Versprochen.

Wie viele Fernsehsender braucht man?

Ein neuer Staubsauger wäre wichtiger gewesen

Nicht dass mir das wichtig wäre, aber ich lasse Sie an dieser Stelle trotzdem an der Tatsache teilhaben, dass ich in dieser Woche ins digitale Fernsehzeitalter eingetreten bin und nunmehr stolzer Empfänger von 92 gestochen scharfen TV-Programmen und nicht minder stolzer Besitzer einer fast ebenso großen Anzahl von Fernbedienungen bin.

Die beste aller Ehefrauen hat zwar gemeint, dass ein neuer Staubsauger wichtiger gewesen wäre, aber mein Argument, dass das Auskehren der trauten Stube mit dem guten alten Reisigbesen viel umweltfreundlicher wäre und noch dazu eine wunderschöne Retro-Stimmung aufkommen ließe, hat sie dann aber doch sprachlos gemacht – für kurze Zeit zumindest. „Schau, jetzt hast sogar Playboy-TV", sprach die Frau, als sie wieder sprach. „Interessiert mich nicht!", sprach ich.

Mich nervt schon die Papierausgabe. Total interessante Reportagen, aber immer wieder unterbrochen von elendslangen Fotostrecken total nackerter Frauen. Später dann, spätnächtens, zappe ich völlig unabsichtlich bei den digitalen Playboy-Häschen vorbei und denke mir: Wenn ich schon da bin, schau ich halt einmal, ob sie interessante TV-Reportagen bringen. Und was war? Finster. Kein Empfang. Auch gut. Die interessanten Reportagen entgehen mir zwar, aber wenigstens werde ich nicht von elendslangen Filmbeiträgen über total nackerte Frauen belästigt. Ich zappe zum nächsten Sender weiter – „Baby TV". Echt wahr, diesen Kanal gibt es wirklich. Noch dazu gestochen scharf.

Bevor ich's vergesse

Dauernd wird von mir verlangt, dass ich mich erinnere. Ich soll meine Postleitzahl auswendig wissen, meine Sozialversicherungsnummer und den Namen meines Friseurs. Ich darf nicht vergessen, endlich den eingeschriebenen Brief auf der Post abzuholen. In den letzten zwei Monaten hat sich mein Bankomatcode dreimal geändert. Es ist die Hölle. Und wenn ich einen alten Bekannten treffe, fragt er mich garantiert, wie es dem Legerheinz geht (ich kenne keinen Legerheinz) und ob ich noch weiß, wie wir nach einer langen Nacht bei seinem Opa eingestiegen sind, über den Balkon, um heimlich zu duschen. Nein. Ich habe noch nie heimlich geduscht. Oder doch? Keine Ahnung, ich erinnere mich nicht, ich weiß nichts, meine Vergangenheit ist tot. Im Gegensatz zu jener, die in meinem Bürosessel wohnt.

Diesen Bürosessel habe ich geerbt. Von wem weiß ich nicht. Ich glaube, er war schon da, als diese Zeitung anno 1904 gegründet wurde. Er sieht so aus. Biologen müssten jedenfalls nicht durch tropische Regenwälder kriechen, um neue Arten zu entdecken.

Gerne lade ich alle Biologen ein, in meinem Bürosessel Nachschau zu halten, bisher unbekannte Lebewesen zu extrahieren und nach sich zu benennen, berühmt zu werden und den Nobelpreis zu bekommen. Mit einem Minimalanteil des Preisgelds bitte ich gesetzten Falles einen neuen Bürosessel für mich anzuschaffen. Aber bald. Sonst wird der Sessel heimlich geduscht. Bevor ich's vergesse.

Wie lebendig ist die Vergangenheit?

Verflixt, wer ist das bloß?

Mein alter Herr, unlängst 70 Jahre jung geworden, hat ein sensationelles Langzeitgedächtnis und ist immer ganz erstaunt, wenn ich mich nicht an Menschen erinnern kann, die kurz nach dem Zweiten Weltkrieg gelebt haben. „Weißt noch, der Fedl Anton, weitschichtig mit uns verwandt, wie der mit seinem Moped am Hühnerberg einen Stern gerissen hat…" Nein, weiß ich nicht, Papa, weil der Fedl Anton schätzungsweise Anfang der 50er-Jahre auf dem Gottesacker Einzug gehalten hat und ich damals noch ein kleines Fischlein im großen Universum war.

Sich nicht an Menschen zu erinnern, die man nie gekannt hat, ist die eine Sache. Sich nicht an Menschen zu erinnern, für deren Zuneigung man in der Vergangenheit seinen linken Arm gegeben hätte, die andere. „Ja, hallo, wie geht's dir denn, kannst dich noch erinnern an mich?", jubelt die schwarzhaarige Frau in der Straßenbahn und umarmt mich heftig. Ich hätte gerne zurück umarmt, hatte für den Körperumfang der aufgeregten Dame aber zu kurze Arme. – „Hallo, aber natürlich erinnere ich mich…" Elfi? Susi? Rosi? Verflixt, wer ist das bloß? Und wie mag sie vor 30 Jahren ausgesehen haben? Und warum hört sie nicht zu reden auf? Und wann kann ich endlich aussteigen? Jetzt. Und dann kommt sie plötzlich, die Erinnerung! Karin, das war Karin!

Meine Güte, bin ich froh, dass ich noch beide Arme habe. Auch wenn sie manchmal zu kurz sind.

„Pickerl draufhängen und auf
bessere Zeiten hoffen."

Kaltes Wasser überall

Zuallererst einen herzlichen Gruß an den heimischen Sanitärgroßhandel, ich freue mich, dass die gesamte Branche den Fenstertag vorgestern für eine sicherlich wohlverdiente Arbeitspause nutzen konnte! Andererseits bedeutet das, dass ich jetzt seit drei Tagen kalt dusche, weil kein Reparaturbetrieb in der ganzen Stadt die Ersatzteile für meinen kaputten Uraltboiler lagernd hat, während sich der Sanitärgroßhandel vermutlich gerade geschlossen in Grado vergnügt.

Apropos Grado: Dort hat es Anfang der Woche drei Tage durchgehend geschüttet, ich weiß es, weil ich war dort; insgesamt war das die Woche kalter Duschen für mich. Erstaunlich, wie harmonisch Regentage sein können, die man zusammengepfercht in einem Hotelzimmer verbringt (super Heißwasserversorgung übrigens – man schätzt diese köstliche Wonne ja oft zu gering!). Wobei ich zugeben muss, der Friede verdankte sich in erster Linie der Fähigkeit des Herzbuben zur Schlechtwetter-Selbstnarkose: Im Ernstfall schläft er 24 Stunden durch.

Derart um die Chance gebracht, ihn nonstop anzujeiern, fuhr ich in den nächstgelegenen Ipermercato und erstand dort unter anderem 17 verschiedene Spaghettisaucen. Man soll bekanntlich nicht hungrig einkaufen gehen, ich möchte hinzufügen: und frustriert auch nicht. Sonst ging der Urlaub glatt; am vierten Tag kam die Sonne. Und falls Sie einen Installateur kennen, der statt Geld auch Spaghettisauce in Zahlung nimmt, rufen Sie mich bitte an.

Wie glatt muss das Leben verlaufen?

Ein schöner Tag

Es gibt Tage, die sollte man mit einem ganz dicken Rotstift aus dem Lebenskalender streichen. Der dieswöchige Feiertag war so ein Beispiel. Pickerl draufhängen, „Pfuigaga" draufschreiben, und auf bessere Zeiten hoffen. Nicht, dass ich total verregnete Tage nicht mag. Aber wenn sie damit beginnen, dass ich zuerst zum Zeitungholen und später zum Müllraustragen in die Sintflut gejagt werde, dann kommt keine wirkliche Freude auf.

Zum Glück durfte ich den feuchten Nachmittag dann im schön überdachten Fußballstadion verbringen. Nicht etwa, weil mich Fußball interessiert – gegen Ende erst hat mich ein netter Sitznachbar darauf aufmerksam gemacht, dass die Mannschaft, die ich angefeuert habe, gar nicht gespielt hat –, sondern weil ein Vater mit seinem Sohn halt auf den Fußballplatz geht, wenn er schon nicht andere „Männerdinge" mit ihm unternimmt: jagen, fischen, Autorennen fahren?

Nach Endes des Matches – Verdammt, wer hat jetzt wirklich gespielt? – wollte ich meinen durchgefrorenen Allerwertesten nur noch auf die weiche Couch pflanzen. Die gut gelaunte beste aller Ehefrauen öffnet die Tür, lässt uns zwei Männer reinschlüpfen, verweigert aber dem dritten Mannsbild, Kater Henry, den Zutritt. Tür zu, Henry-Pfote bleibt drinnen! Fauchen, kratzen, davonlaufen.

Henry bekam als Trost Extrafutter. Und ich durfte zur Krönung des Tages noch einmal den Müll raustragen.

Begegnung mit dem Medizinball

Mehrmals pro Turnstunde fordert mich die Trainerin auf, ich soll mein Powerhouse aktivieren, um meinem Körper mehr Kraft und Kontrolle zu verleihen. Dazu muss man den Bauch einziehen und die Backen zusammenkneifen. Sehr originell. Das tue ich jetzt seit gut 20 Jahren. Niemand im Land hat ein so aktiviertes Powerhouse wie ich, trotzdem schaffe ich nach wie vor keine einzige Liegestütze, was mich nach anfangs freudig erregter Frequentierung der Turnstunden inzwischen wieder sehr dazu neigen lässt, meiner naturgegebenen Skepsis nachzugeben, und die besagt: Sport ist Schwindel.

Leider habe ich keine Ahnung, was man zusammenkneifen muss, um in seinem Hirn ein Powerhouse zu aktivieren, derzeit könnte ich jede Menge psychische Kraft und Kontrolle brauchen, sonst komme ich nicht mehr vom Sofa hoch. Schuld ist die erzböse Zeitumstellung. Wenn ich aus dem Büro krieche, ist es finster, und mein Körper verlangt statt nach Push-ups und Kaltwasserduschen nach Kuscheldecke, „Scrubs", Yogi-Tee und Lebkuchenherzen. Gibt man diesem Impuls zu sehr nach, kann man sein Powerhouse aktivieren, wie man will, man sieht trotzdem immer aus, als versuchte man unterm T-Shirt einen Medizinball zu transportieren. Der hat in meine aktuellen Turnstunden übrigens noch keinen Eingang gefunden. Ist auch besser so, ich habe in der Schule einmal einen an den Kopf gekriegt, danach war das Powerhouse in meinem Hirn ein Zeit lang deaktiviert.

Darf man mit uns spielen?

Der große Bluff

Lassen Sie sich nicht von dieser Kolumne täuschen, hoffentlich noch immer geneigte LeserInnen. Denn in Wahrheit ist alles nur ein grandios inszenierter Bluff! Ich bin nämlich kein humorvoller Zeitgenosse, dem allzeit ein fein gedrechseltes Bonmot über die Lippen hüpft, wie Sie bisher vielleicht vermutet haben. Ich fürchte, Sie müssen mit der Tatsache weiterleben, dass der Große Vorsitzende von Nordkorea im Vergleich zu mir ein Gaudewipferl ist. Mit Menschen ohne Humor spielt man nicht. Denn zum Spiel gehört Spaß. Und dreimal dürfen Sie raten, ob ich Spaß verstehe. Bravo, schon beim ersten Mal richtig geraten!

Typen wie ich sehen beim „Mensch-ärgere-Dich-Nicht" rot, auch wenn sie den gelben Kegel haben. Typen wie ich sind so verhaltensoriginell, dass sie nicht einmal über Kärntnerwitze lachen können.

Und dass die beste aller Ehefrauen im Sommerurlaub bei mir in Ungnade gefallen ist, hat diesen Grund: Mit einem Lächeln, das nichts Gutes verhieß, zeigte sie mir einen Zierpolster, den sie soeben erstanden hatte, und auf dem folgender Spruch gestickt ist: „In diesem Haus wohnen eine wundervolle Frau und ein grantiger alter Mann." Dieses herrliche Stück werde sie daheim im Vorzimmer platzieren, damit jeder Besucher es sofort sehen und kommentieren könne, verkündete sie freudestrahlend. Der Weg ins Hotel war weit für diese wunderbare Frau. Zumal sie ihn zu Fuß zurücklegen musste.

„Bitte eine Seekuh-Silhouette als Megatrend des Sommers."

Genialer Vorschlag für Herrn Lagerfeld

Überraschend hat auch der letzte auf der Couch verbrachte Winter nichts Wesentliches zur Verbesserung meiner Bikinifigur beigetragen. Es sei denn, ein kluger und mächtiger Modeschöpfer kürte noch rasch die Seekuh-Silhouette zum Megatrend des Sommers. Dann sähe alles anders aus. Im Gegenzug böte ich gottgleiche Verehrung und anhaltende Dankbarkeit. Zum Beweis letzterer möchte ich eine geniale Geschäftsidee kostenlos zur Verfügung stellen: den Biwakini – zugleich bequeme Badekleidung für die trendbewusste Seekuh und wetterfeste Übernachtungsmöglichkeit für den passionierten Bergwanderer.

Ach, der Strand! Fast Mitte Juli, und ich war heuer noch nie baden. Am Bikini liegt es nicht, ich schwör's, obwohl ich zugeben muss: Der Erstauftritt im Strandbad kostet von Jahr zu Jahr mehr Überwindung. Erstens ist der Bauch noch völlig mozzarellafarben, zweitens hat man ständig das Gefühl, dass eine die Leute von hinten anstarren. Und bekanntlich gewähren Frauen ab einem gewissen Alter ungern Einblick auf ihre bloß gelegte Rückseite. (Dieses Alter liegt meinen Recherchen zufolge bei ungefähr zwölf.)

Gott sei Dank gibt es die Gartenarbeit, weil über den eigenen Rasen hüpft man immer entspannt. Man gewöhnt sich und seine Umwelt in Person von Nachbarn, Briefträgern etc. an die eigene Leichtgeschürztheit, nimmt Farbe, und dann geht's entspannt in die Ferien. Obwohl: Noch entspannter wäre ich schon mit dem Biwakini.

Welche Figur machen wir im Sommer?

Die Michelin-Männchen

Wenn jemand mit dem Körperbau eines Michelin-Männchens und dem Appetit eines auf F. X. Mayr-Diät gesetzten Raubtieres durch das Leben tigert, reagiert er eher knurrend auf Menschen, deren Waagen beim Betreten nicht implodieren. Mein Vater (Prototyp Michelin-Männchen) pflegt diese armen Geschöpfe so zu beschreiben: „Furchtbar! Der/die hat eine Figur wie ein Sack voller Hirschgeweihe!" Damit meint er all jene unförmigen Hungerleider, deren Knochen sichtbar sind und nicht unter einem gewaltigen Fettmassiv verschwinden.

Ob ich es will oder nicht: Im Alter werde ich meinem alten Herren immer ähnlicher. Ich stehe zwar noch nicht um 4 Uhr früh auf und höre Freddy Quinn, aber es gibt optische Ähnlichkeiten, die mich nicht froh stimmen.

Dort, wo früher das eine oder andere Spitzerl von einem Hirschgeweih in meinem Body sichtbar war, schwabbelt jetzt Körpermasse, die ich nicht näher definieren möchte. Das hat den Nachteil, dass ich mich auch im Sommer mit großflächigen Textilien umhüllen muss. Das hat aber den Vorteil, dass mich – seit die Waage eine annähernd dreistellige Zahl anzeigt – auch mein Vater als vollwertiges Mitglied der Gesellschaft akzeptiert. Und wenn wir gemeinsam im Schanigarten sitzen, klopfen wir uns neuerdings in Stereo auf den Bauch und bemitleiden die vorbeiklappernden Hungerleider: „Schau, furchtbar! Die haben eine Figur wie…"

„Dieser reine Hass, wenn auf einen
eingeschnarcht wird!"

Alibis großer, müder Frauen

Das war knapp: Das lange Wochenende wollten wir eigentlich zu einer dreitägigen Wandertour nutzen, zu neunt und mit Gipfelüberschreitung. Alles abgesagt wegen dem Wetter. Glück gehabt, weil nach der Übungstour vor zwei Wochen bin ich vier Tage durch mein Leben gekrochen wie ein rheumatischer Bonobo, und jede einzelne Treppenstufe nach unten war ein gähnender Abgrund aus Schmerz. Ein paar Muskeln hat mir die Evolution, glaube ich, extra für Muskelkater geschenkt. Danke, es wär so auch gegangen.

Natürlich heuchle ich Bedauern, vor allem wenn ich an die Nächte im Matratzenlager denke: Selten im Leben verspürt man schließlich derart unverstellten, reinen Hass, als wenn in nachtschwarzer Finsternis auf einen eingeschnarcht wird, am besten stundenlang und aus wechselnden Richtungen.

Und doch hätte ich die Tour gern gemacht, ehrlich. Erstens, weil sich Unternehmungen zu neunt ja gar nicht so oft ausgehen, und zweitens wegen Benjamin. Der wäre Uschkas und mein Trumpf gewesen, weil er mit acht zwar schon wandert wie ein Großer, aber mit Ameisenbeobachtungen, Schneckenhäuser sammeln und Staudamm bauen noch ganz gut abzulenken geht, wenn große, müde Frauen einmal eine Pause brauchen.

Ich hoffe, die drei Tage gehen sich noch heuer aus. Weil der Bub wächst ja, wer weiß, ob den nächstes Jahr Ameisen noch interessieren, dann brauchen wir zum Verschnaufen womöglich ein anderes Alibi.

Wie kindisch darf man sein?

Wunderbare Schwachköpfe

Perfekt zu sein, ist mühsam. Korrekt zu sein, ebenfalls. Ersteres hat nie ein Problem dargestellt in meinem Leben, da Perfektion zum Glück nicht zu meinen ansonsten zahlreichen Lastern zählt. Und die Sache mit der Korrektheit (politisch, sexuell, moralisch etc.) hat sich unlängst erledigt, als mir der Junior eine DVD namens „Jackass 3" anempfohlen hat. Kurz wollte ich noch den verantwortungsvollen Bildungs-Daddy geben („Schauen wir uns doch lieber die neue Verfilmung der Tagebücher der Anne Frank an!"), doch dann hat die Vernunft gesiegt: „Ach, pfeif drauf, Sohn, leg rein das Ding."

Jackass, wörtlich Schwachkopf, fußt auf einer US-TV-Serie, in der ebensolche – Schwachköpfe nämlich – unfassbar gefährliche, grindige, eklige Stunts bzw. Mutproben durchführen. Dass einer der Protagonisten im echten Leben bei einem echten Verkehrsunfall ums Leben gekommen ist, ist tragisch, passt aber nicht in diese Kolumne.

Wir zwei Männer lümmeln also auf der Couch, werfen uns Popcorn ein und wiehern vor Vergnügen, als sich einer der Schwachköpfe in eine (gefüllte!) WC-Kabine einsperren und mit einem Gummiseil in die Luft schnepfen lässt. Mah, grauslich! Mah, herrlich! Die beste aller Ehefrauen, von Berufs wegen die beste aller Kindergartenpädagoginnen (Fraktion Holzspielzeug), rümpft verächtlich die Nase, lässt uns aber gewähren. Sie weiß halt, wie man mit Kindern umgeht.

„Eine Hängematte ist klass, solange die
Ameisen noch nicht entdeckt haben,
dass sie auch gerne schaukeln."

Klass ist das

Nachdem man jetzt die letzten fünf, sechs Jahre darauf gewartet hat, dass Nuss- und Marillenbaum groß genug dafür werden, dass man ihnen eine Hängematte umschnallen kann, ist es jetzt so weit: Man hat die Geduld verloren und ein Hängemattengestell erworben. Klass ist das in der Hängematte, zumindest, solange die Ameisen noch nicht entdeckt haben, dass sie auch gerne schaukeln.

Man ist ja nicht so viel zu Hause und genießt so einen ruhigen Hängemattennachmittag umso mehr, links oben übt eine Amsel unermüdlich ihre Koloraturen, und wäre man nicht zu faul, würde man aufstehen und im Pflanzenführer nachschauen, was das für hübsche gelbe Blumen sind, die da den Rest des ehemals stolzen Rasens in Grund und Boden blühen.

Schön ist es, so den Blick schweifen zu lassen. Auch wenn er dann auf dem dürren Ast hängen bleibt, der schon längst abgesägt gehört, und auf den Rosen, die nach der Blüte geschnitten werden müssten, und auf den Paradeisern, die man noch immer nicht umgetopft hat, und auf der räudigen Gartenbank, die seit ewig einen neuen Anstrich braucht. Du meine Güte, deswegen sieht man die Leute, die viel daheim sind, immer im Garten kramperln! Weil es immer was zu tun gibt!

Na gut, da hilft nur eines: die Augen zumachen und in der Hängematte einschlafen. Und gottlob, es wirkt.

Ist es daheim am schönsten?

Gillingwas?

Nichts liegt mir ferner, als an diese naheliegende Weisheit zu glauben. Die da lautet: Je älter der Mensch wird, desto kleiner sein geografischer Aktionsradius. Heißt: mit 19 Goa, mit 90 Gramatneusiedl. Ach, so ein Schmarrn, wenngleich … Es ist schon auch schön so rundum. Bleiben wir bei den Gs: Grambach, Gössendorf, Graz, Letzeres schon satte zwölf Kilometer von daheim entfernt. In Grambach gibt's zum Beispiel einen schönen Kindergarten, in Gössendorf eine hochmoderne Kläranlage, in Graz, na wusch, eine historische Altstadt; so alt, dass die Chinesa gleich so japsen vor lauter Freude. In Graz, ja, da sollte man schon gewesen sein.

Heuer im Sommer geht's noch weiter weg, zu meinen geliebten abtrünnigen Briten. Bleiben wir bei den Gs: nach Gillingham, Glastonbury, Greenwich, Gloucester, Guildford. Das ist ein schöner Kompromiss. Für Goa bin ich zu alt, für Gramatneusiedl zu jung. Gillingham zum Beispiel ist angemessen. Haben Sie gewusst, dass dort anno irgendwann einmal Godwin von Wessex sein Unwesen getrieben hat. Gillingwas? Fragt der Onkel, der schon zeitlebens nahe Gössendorf wohnt und ganz unruhig wird, wenn er den Kirchturm seines Heimatortes nicht sieht. Lachhaft, eh. Aber wer weiß.

In Gramatneusiedl haben sie übrigens unlängst 26 barrierefreie Wohnungen errichtet.

Beziehungen

Vorsicht vor Wurfübungen

War ich damals etwa eingeschnappt, als Uschka (1,85) und Wowi (1,89) beschlossen, mit mir (1,64einhalb) und ihrem Freund Ossi dem Zwergenartigen eine Hobbit-Zucht aufzubauen? War ich verschnupft, als der Herzbube meine Zehen mit Debrezinern verglich? Als mir Fonsi eine Lesbentaille attestierte und Häschen zum 50er gratulierte? Habe ich mich beschwert, als meine Schwester feststellte, Spaghettiträger und ich, das würde wohl nichts mehr in diesem Leben? Als Dörtchen fand, dass mein Parfum wie Spülkastenwürfel riecht? Als der Dachs behauptete, mein Schokokuchen sehe nicht nur aus wie Zahnstein, er orte da auch aromamäßige Parallelen? Na logo!

Und ob ich beleidigt war! Jedes einzelne Mal! Ich habe für Unmut ein natürliches Talent. Warum auch nicht? Andere können gut Flöte spielen, ich kann gut schmollen. Wenn auch nicht sehr lange. Mein Schmollmuskel ist sozusagen für den Sprint gebaut: reaktionsschnell, energieintensiv und rasch erschöpft.

Langstreckensportler der Vergrätzung gibt es natürlich auch. Deren Beleidigungsmuskulatur ist auf Dauerleistung ausgelegt. Die hegen, wenn sie's drauf anlegen, tagelang, was sage ich, wochenlang ihre Rage, während uns Wurstzeh-Hobbits die Wut schon längst wieder abhandenkam. Wer uns aber blöd kommt, dem schmeißen wir im Rausch der Kränkung Gift und Galle hinterher, und manchmal sogar Spülkastenwürfel. Wenn's sein muss, bis nach Debrezin.

Wie lange darf man beleidigt sein?

Man muss mit allem rechnen

Die Zeit wird verdammt knapp: Rechne ich zu den guten Genen meiner Vorfahren 20 Jahre medizinischen Fortschritts dazu, werde ich höchstens 100 Jahre alt. Es bleiben mir also grob gerechnet nur noch 473.040 Stunden zum Leben. Rechnet man den Schlaf weg, bleiben 320.000 Stunden im wachen Zustand. Aufgrund der aktuellen Wirtschaftslage gehe ich davon aus, dass ich meine traute Redaktionsstube erst mit 70 Jahren räumen werde. Bleiben also nur noch 250.000 Stunden, die mir zur freien Verfügung stehen.

Das eine oder andere Wehwehchen plagt mich jetzt schon. Und das wird nicht besser werden. Für Arztbesuche, Krankenhausaufenthalte und diverse Kuren plane ich also 70.000 Stunden ein, macht 180.000 Stunden restliche Lebenszeit. Für all die Bücher, die ich noch lesen werde und all die Musik, die noch gehört werden muss, veranschlage ich 100.000 Stunden – bleiben 80.000 Stunden übrig. Für all die Arbeit, die im Haushalt erledigt werden muss, plane ich zehn Stunden ein = 79.990 Stunden Restlebenszeit. Auch wenn der Testosteronspiegel sinken wird, auf 9990 Stunden amouröse Aktivität hoffe ich dennoch, bleiben 70.000 Stunden. 60.000 Stunden werde ich dem gepflegten Nichtstun widmen, macht 10.000 Stunden. Und wenn ich doch nur 98 Jahre alt werden sollte, bin ich jetzt im Minus! Wie lange man beleidigt sein darf? Keine Sekunde! Friede, beste aller Ehefrauen.

Vom Opa zum Hermann

Der Nachbarsopa war der erste Mann, den ich in meinem Leben weinen sah. Bis dahin hatte ich gedacht, Weinen, das können nur Kinder. Im Fernsehen lief „Krambambuli", wie traurig das alles war, kriegten wir Kinder nicht mit, weil wir nebenher Lego spielten, und als ich sah, dass er nasse Augen hatte, dachte ich: Jetzt hat er sich wehgetan. Hatte er nicht, er war nur vom Moment überwältigt, so wie letztens Hermann Maier bei seinem Abschied vom Skisport. Schade, dass Maier nachher so oft betont hat, es tue ihm leid, dass er dabei weich geworden sei. Macht doch nichts! Im Gegenteil! Seit ich gelesen habe, dass Frauen viermal so oft weinen wie Männer, bin ich schwer dafür, männliche Rehrbeutel in Funk und Fernsehen tüchtig herzuzeigen. Vielleicht lernen unsere Herren so, dass sie ruhig mitmachen dürfen beim Tränenvergießen, statt immer nur schmerzhaft zu schlucken, wenn es wo ans Herz geht.

Weinen ist nämlich super, es löst innere Verschnürungen und macht ein leichtes Gefühl in der Brust. Gut, man sieht ohne wasserfeste Wimperntusche nachher aus wie ein verhärmter Panda. Wenn man welche trägt, was bei den meisten Männern, soweit ich weiß, aber keine Rolle spielt.

Übrigens ist Weinen kulturgeschichtlich keine Frauensache gewesen, bis ins 19. Jahrhundert gab es dabei Geschlechtergerechtigkeit. Herrschaften, die daran anschließen oder einfach frei üben wollen, können sich ja einmal „Krambambuli" auf DVD besorgen.

Dürfen Männer Gefühle zeigen?

Achtung, Falle!

Hermann Maier hat also bei seiner Abschiedsvorstellung geweint. Diese Nachricht hat sich inzwischen bis zu den Downhill-Aficionados in Papua-Neuguinea herumgesprochen. Später hat sich Maier für seine Tränen entschuldigt, sich dann aber wieder für diese Entschuldigung entschuldigt, weil es schließlich nichts zu entschuldigen gebe, wenn einem Mannsbild halt einmal die Tränen waagrecht aus den Augen schießen.

Frauen mögen das ja total. Männer, die ab und zu den knallharten Madmax in sich in Karenz schicken, schluchzend in die Knie gehen und sich haltlos einen runterflennen. Der Indianer kennt keinen Schmerz. Der Mann von heute darf lautstark „autsch" schreien, wenn ihm danach ist. Es zeugt schließlich von Stärke, wenn man seine Schwächen zeigt.

So ein Schmarrn! Alles nicht wahr! Das ist eine ganz fiese Falle, Jungs. Glaubt mir. Die Taktik dahinter sieht so aus: Frauen behaupten nur, dass sie es voll lieb finden, wenn wir als butterweiche Florian Silbereisens das Sensibelchen in uns Gassi führen. Wenn wir dann tatsächlich von Weinkrämpfen geschüttelt werden, weil zum Beispiel der Weltfrieden auf sich warten lässt, die sibirischen Weißfüchse vom Aussterben bedroht sind oder die Polarkappen schmelzen wie Toastkäse, dann funkeln sie uns hinterlistig an und höhnen: „So sieht also das starke Geschlecht aus!" Hermann, reiß dich gefälligst zusammen in Zukunft!

Mitleid kontra Mayonnaise

Elfi ist beleidigt – und zwar auf die Frauen dieser Welt. Keine will mit ihr befreundet sein, „eine beste Freundin hab ich seit meiner Schulzeit nicht mehr gehabt", sagt sie, die Kolleginnen sind auch alle doof, am besten versteht sie sich mit Männern, „die sind wenigstens lustig", auch wenn man mit ihnen nicht vernünftig über Schuhe, hinausgeschobene Mammografien und den neuen „Tatort"-Kommissar (den feschen aus Hamburg) reden kann.

Wir haben uns bei einem beruflichen Termin getroffen, jetzt werden noch Häppchen serviert, wir teilen uns einen Stehtisch. „Magst einmal mitkommen mit Uschka und Asti und mir nächste Woche?", will ich gerade fragen, da habe ich plötzlich ihr Haar im Gesicht und Mayonnaisebrötchen, weil sie sich mit schwingender Mähne umdreht, um einen herannahenden Kollegen anzuklimpern. Elfi zwitschert, Elfi lacht, Elfi spielt mit ihren Locken, Elfi zupft dem Kollegen unsichtbare Stäubchen von der Schulter.

Ich stehe noch ein paar Minuten herum, komme mir unnötig vor und werde beiläufig über die Schulter verabschiedet. Elfi, denke ich mir im Gehen, du brauchst keine Freundinnen, du brauchst bessere Manieren oder vielleicht einen mit dem Mayonnaisebrötchen gezogenen Scheitel. Dann drehe ich mich noch einmal um, der Kollege ist gegangen, Elfi steht allein im Eck. Sie winkt, aber ich habe schon etwas Besseres vor heute, und für Mittwochabend, und für den Rest meines Lebens.

Wer oder was steht im Eck?

Die Sonne, „The Sun" und ich

Solange ich noch in der Lage dazu bin, denke ich mir: Ein allzu langer Badeurlaub macht blöd. Da lässt man sein Leben lang den Geistesriesen in sich heranwachsen und, schwupps, innerhalb von zwei Wochen krebst man auf dem geistigen Niveau einer Paris Hilton herum. Unter uns: Es gibt Schlimmeres. Es geht hier allen so, deshalb fällt es niemandem auf. Übrigens, wo ich gerade bin, habe ich vergessen. Um nicht allzu sehr abzubauen, lese ich. Gestern „The Sun", die ich in der „Times" versteckt habe. Heute ein Mickey-Mouse-Heft, das ich in der „Sun" versteckt habe. Himmel, was wird es morgen sein?

Nicht alle sind so anfällig. Die beste aller Ehefrauen liest den neuen Roman des aktuellen Pulitzerpreisträgers – verdammt, wie heißt der Kerl doch gleich? „Ich finde ja, dass seine narrative Kraft weit hinter seinem philosophisch- dialektischen Anspruch zurückbleibt, was meinst du, Liebling?" Häh? Der Sohn hat indessen Freundschaft mit einem Akademikerkind aus London geschlossen. „Sam hat mir gerade erzählt, wie sein Vater, ein Chirurg, unlängst in eine theologischmoralische Krise geschlittert ist. Was hältst du davon, Papa?" Häh?

Solange ich noch in der Lage dazu war, dachte ich mir: Ein langer Badeurlaub macht blöd. Jetzt frage ich mich nur noch: In welcher Ecke des Zeitschriftenladens stehen die Fan-Magazine von Paris Hilton?

Der Teufelsgrill wird frühpensioniert

Urlaub, das geht so: Erst ein bisschen Laufen mit Uschka, was den perfekten Vorwand liefert, um den Rest des Tages auf der Strandliege zu verbringen: bei Chips, Eis, Melone und Büchern, und die Tage sind so gelb und prall und träge, da nimmt man sogar vom Lesen zu. Abends Herumsitzen vor den Bungalows, vorzugsweise bei Malvazija und Haselnussschnaps, da weiß man am nächsten Tag wenigstens, woher das Kopfweh kommt.

Das erste Mal ist heuer auch der geschenkte Elektrogriller mit, der seit zehn Jahren originalverpackt in Wowis Keller stand, weil ein wahrer Mann niemals elektrisch grillt, es sei denn, die Hausordnung will es so und nicht anders; und der Vurschrift müssen sich bekanntlich auch wahre Männer beugen.

Der Elektrogriller dankt seine plötzliche Befreiung mit der Verursachung von Kurzschlüssen, was zu tüchtig Herumgekrieche in finsteren Spinnwebenwinkeln führt, weil Trennschutzschalter sich ja stets an möglichst unzugänglichen Stellen aufzuhalten haben.

Der Teufelsgriller wird frühpensioniert, auch sonst wird einiges geleistet: geschwommen, gefischt, den Kindern vorgelesen; wie jedes Jahr werden einige Schnorchelnovizen in die Unterwasserwelt eingeführt. Das führt zu überraschenden Erkenntnissen: In diesem Meer wohnen ja Tiere. All das wird weiter zu erforschen sein.

Ist im Urlaub alles erlaubt?

Die Wetter-App

Diesmal also Portugal. Sommer, Sonne, Meer, ein Haus am Atlantik. Ich habe mich überreden lassen. Denn die Familie sprach: „Bitte einmal keine britischen Klippentouren im Dauerregen." – „Gut", habe ich gesagt. „Dafür nächstes Jahr Grönland." Das ist der Deal.

Meine Wetter-App sagt mir, dass es nicht so eklig heiß wird, wie befürchtet. Das gibt Hoffnung. Wer weiß, vielleicht gehen sich sogar ein paar Regentropfen aus. Andererseits: Ein paar Sonnenstunden wären schon ideal. Weil nämlich: Um meine neuen Tattoos auszuführen, habe ich mir ärmellose T-Shirts zugelegt. „Mah, wie peinlich", hat der Junior gemault. – „Musst eh nicht neben mir gehen, wenn ich meine prächtigen Peckerln den liebreizenden Portugiesinnen präsentiere." – „Werd ich eh nicht." Hätten wir das geklärt.

Unklar ist noch, wie wir es diesmal mit den Kirchenbesichtigungen halten. Freund Wolfi legt großen Wert darauf, jedes einzelne Gotteshaus im Umkreis von 300 Kilometern ausgiebig zu erkunden und über das Gesehene dann ausgiebig zu referieren. Das ist bildungsbürgerlich gesehen lobenswert, aber für die Mitreisenden nicht immer der Himmel auf Erden. Andererseits: Mit ärmellosen T-Shirts darf ich ja gar nicht in Kirchen. So ein Pech! Wäre also auch das geklärt.

Faro 24 Grad sagt jetzt die Wetter-App. Ideal. Und tschüss!

Vorwand zum Saufen

Letzter Urlaubstag, unverhofft rennt man in Werner und Ingo,
die in Schulzeiten hervorragende Lausbuben waren; eine
Begabung, die sich kein bisschen abgenutzt zu haben scheint.
Und wie das so geht, wenn man alte Freunde nach Jahrzehn-
ten wieder trifft: Gleich werden die Heldengeschichten von
früher ausgepackt. Vom Dings, wie hieß der gleich, und seiner
Freundin („die Dünne mit den Schneckerln“), vom Balzen und
Braten, vom saudummen Mopedfahren ohne Helm und in der
Ambulanz glücklich wieder zusammengetackerten Gesichtern,
vom Chemielehrer („Fürntratt? Fürnkranz?“), der Fünfzehn-
jährigen (und sich selbst) für gelungene Laborversuche ein
Gläschen Schnaps genehmigte, und von den aussterbenden
Zeltfesten – einst unverstellt dem kollektiven Entlastungstrin-
ken geweiht, längst durch Schmankerlfeste mit Sterz-, Speck-,
Most-, Weinverkostung ersetzt (Werner: „Heute brauchen die
Leute einen Vorwand zum Saufen.“).

Am Ende des Abends hat man fast nur über Leute getratscht,
an die man sich kaum erinnert („Weißt eh, der Lange aus der
8a, der bei Partys immer gestrippt hat“) und sich blendend
amüsiert dabei; und die beiden Lebenslauser haben sich wohl
auch gut unterhalten mit der kleinen Blonden aus der Schule.
Die mit dem Dings zusammen war. Die jetzt bei der Zeitung
schreibt. Weißt eh.

Wie viel Vergangenheit brauchen wir?

Kaffee von gestern

Über Sex reden wir nicht, die Drogen passen auch nicht hierher, bleibt der Rock 'n' Roll. Denke ich mir, hier, mitten in Woodstock, zwei Autostunden von New York City entfernt. Ja, genau, DIESES Woodstock. Das legendäre Musik-Festival hat zwar in einem ganz anderen Kaff stattgefunden, doch von der Vermarktung der Vergangenheit lebt der Ort heute noch gut. Clever, diese Hippies.

Einer davon, 60 plus, hockt vor der weißen Postkartenkirche und schnippelt gedankenverloren an seinen Zehennägeln herum. Foto? „Wenn Sie es wagen, knalle ich Ihnen eine!" Aus den Woodstockianern sind längst Börsianer geworden. Und die Friedlichkeit steht wohl auch nicht mehr hoch im Kurs.

Quasi als ausgleichende Gegenbewegung decke ich mich üppig mit „Peace"-Material ein. Ein Armband, ein Leiberl, ein Kaffeehäferl.

Mit Hendrix an der Hand, Cocker auf der Brust und Santana auf dem Häferl flaniere ich friedlich durch den Ort. Und treffe auf eine leicht, äh, verlebte Frau. 60 plus. Alle ihre Sätze beginnen mit „damals". So viel Sex, so viele Drogen, so viel Rock 'n' Roll. Damals. – „Sie waren dabei? Damals?" – „Natürlich." – „Und heute?" Die Frau lächelt. Und trinkt einen Schluck Kaffee aus ihrem Santana-Häferl. „Koffeinfrei", sagt sie.

„Mit meiner Jugend abzuschließen
fällt mir ein Spürchen schwer."

Das war eine furchtbare Zeit

Wenn man frühmorgens die Kollegen verstört, indem man bei Dienstantritt „Du hast mich tausendmal belogen!" in den Raum schmettert – dann, ja dann war bei dem Kraftfahrzeug, das man verborgt hatte, der Sender verstellt, als man es retourniert bekam. Aber wie soll man so was ahnen! Vor allem vom Sevi, dem alten Nufolk-Hohepriester, hätte man sich das nie gedacht. Und im Büro glauben sie jetzt, ich bin die Schlagermitzi. Aber mittlerweile ist mir ja nichts mehr peinlich, seit ich mich unlängst beim Tanzen „Gangnam Style" ertappte. Na und? Es war spät, es war dunkel, es war eh schon wurscht. Dabei bin ich nach wie vor eine überzeugende Salzsäule, sobald bei Festlichkeiten aller Art die Gruppentänze meiner Jugend ertönen. Selbige hat sich ungefähr vom Vogerltanz bis zur Macarena erstreckt, und rückblickend muss man auch einmal ganz offen sagen: Das war eine furchtbare Zeit. Seien wir froh, dass sie vorbei ist.

Mit meiner Jugend abzuschließen fällt mir ansonsten nach wie vor ein Spürchen schwer, aber gottlob hat man kluge Freunde, aus denen in einschlägigen Finsterphasen tröstliche Worte quellen. Die Leute vergessen immer, stellte Reinhard unlängst fest, dass es zwischen Jungsein und Altsein noch was gibt: Erwachsensein. Gut gegeben! Ob zum Erwachsensein dazugehört, dass man sich für sacht angedüsterte Tanzflächenausflüge kein bisschen geniert, hat Reinhard übrigens nicht genauer ausgeführt. Na dann: Oppa Gangnam Style!

Ist im Dunkeln gut munkeln?

Lauter Psychos

Je länger man auf diesem Planeten weilt, desto besser wird das Langzeitgedächtnis. Deshalb habe ich zwar keine Ahnung, was ich gestern am Abend gegessen habe (außer Popcorn und Cadbury-Schokolade), dafür weiß ich ganz genau, welche Farbe der Rock jenes Mädchens hatte, mit dem ich mir vor geschätzten einhundertvierundzwanzigeinhalb Jahren den Film „Grease" im Kino angesehen habe: blau. Was Olivia Newton-John und John Travolta auf der Leinwand getrieben haben, ist dem gnädigen Vergessen anheimgefallen, aber dass mir das blauberockte Mädchen immer auf die Finger geklopft hat, wenn selbige unbeholfen ihren Weg unter dem knisternden Stoff suchten, daran erinnere ich mich noch gut.

„Sieben Psychos" hieß der Film, den ich unlängst im Kino sah. Wir saßen zu siebt im Saal, was aber sicher nur ein eigenartiger Zufall war. Weil der Streifen offenbar kein wirklicher Renner ist, begann die Vorstellung erst um 23 Uhr, dann eine halbe Stunde Werbung, dann ein erstes Gähnen, ungefähr in der Mitte des Filmes entglitten mir schließlich Gesichtszüge und Handlung, und der große Schlaf übermannte mich. Weil die beste aller Ehefrauen neben mir eine Hose trug, kann ich mich leider nicht an die Farbe ihres Rockes erinnern. Dafür aber an ihre Sätze: „Bleibt munter, jetzt schlaf ich eine Runde." Da haben alle Psychos herzhaft lachen müssen: die auf der Leinwand und die im Saal.

Auf die Zehen

Nein, sagt Elli, mir geht es gut. Wieso fragst du? Nächste Woche fahren wir auf Urlaub. Ja, nur wir zwei, er und ich. Ellis Freund ist verheiratet, aber nicht sehr. Seine Frau weiß Bescheid, aber nicht sehr. Elli erklärte er, dass der Kinder wegen alles bleiben müsse, wie es ist. Seit die Kinder ausgezogen sind, ist es der Hund. Der ist schon alt, der kann sich nicht mehr umstellen, das muss Elli verstehen.

Elli versteht, weil sie ihren Verständnismuskel seit Jahren übertrainiert. (Und weil sie in den Typen so verliebt ist. Schöne Zähne hat er ja.) Sie geht abends nicht weg, weil er ja noch vorbeischauen könnte, und unternimmt nichts am Wochenende, weil – vielleicht hat er ja doch Zeit. He, Elli, sage ich, das hast du nicht nötig. Du verdienst einen Freund, der dich behandelt wie eine Königin, nicht wie eine Halbtagskraft. Ja gut, sagt sie, das alles zehrt manchmal, aber nicht sehr. Hör auf, auf ihm herumzuhacken, ich hab mir dieses Leben ausgesucht. Was natürlich stimmt. Und ich gebe zu, er ist lustig und kann gut Fahrräder reparieren, er bringt Elli Blumen, und manchmal kommt er spontan vorbei, damit sie ihn anhimmeln kann.

Süß sehen sie aus zusammen. Man macht freundliche Nasenlöcher und unterhält sich und möchte ihm viel lieber ständig versehentlich auf die Zehen steigen. Tschuldigung, tut mir leid, aber nicht sehr.

Müssen wir gute Schauspieler sein?

Wie im Kino

B ist du Zwilling?", wollte eine nach neuen Informationen gierige Kollegin unlängst von mir wissen. „Nein, Einzelkind", habe ich wahrheitsgetreu geantwortet. „Sehr witzig, ich meine, im Sternzeichen!" Als ich sie daraufhin wortlos mit einem nicht wirklich lustigen Arbeitsauftrag versehen habe, hat sie nichts mehr gefragt, die interessierte Kollegin.

Echt, Leute, ich kann es nicht mehr hören, dieses ewige Gerede von wegen zwei Gesichtern, unberechenbarem Januskopf, multipler Persönlichkeit, Stimmungs-Jojo, Schauspieler-Gen usw. usf. Also wenn Sie mich bzw. uns fragen: Wir finden, dass das Leben mit Zwillingen eine recht flotte, unterhaltsame Sache ist. Weil nämlich: In der Früh, wenn das Morgengrauen aus dem Spiegel knurrt, bin ich Keith Richards, und der Fluch der Karibik ist ein laues Lüfterl im Vergleich zu den Unhöflichkeiten, zu denen ich fähig bin. Lässt man mich aber ungehindert meine Kratzübungen absolvieren und meinen Kaffee schlürfen, verwandle ich mich schnell in einen schneidigen Charmebolzen, der George Clooney alt aussehen lässt. Wenn der Tag gut bleibt, es schön regnet und mir keine Sternzeichen-Fragen gestellt werden, bin ich geschmeidig wie Ashton Kutcher; andernfalls öffnet sich die Büchse der Pandora und Charlie Sheen springt heraus.

Kurz: Mit mir bzw. uns gibt es ganz großes Kino. Und das ohne Eintritt.

*„Misstraue Menschen,
die zu oft lächeln."*

Grundrecht auf Grant

Kann dann bitte jemand in diesem Land die Heizung ein-schalten? Und das Licht auch gleich? Kofferausräumen ist ja sowieso kein echter Stimmungsbringer, in einer noch nicht wieder aufgewärmten Wohnung schon gar nicht, und erst recht, wenn man sich überlegt, dass man sich von den Kurz-ärmelgeschichten, die man vorvorgestern noch angehabt hat, jetzt für das nächste halbe Jahr verabschieden kann.

Und überhaupt schaut mir die hier ansässige Menschheit derzeit extrem grundverstimmt drein. Was an Jahreszeit und Wetter liegen mag, aber möglicherweise auch daran, dass man verzogen und verwöhnt aus dem Urlaub kommt, weil man in Amerika in einer Tour angelächelt wird und einen guten Tag zu haben aufgetragen bekommt. Das ist die ersten paar Male seltsam und ein bisschen anstrengend und dann bald einmal normal. Bis man halt wieder zu Hause ist, wo so viele Leute ihr Grundrecht auf Grant im Gesicht herumtragen, mit sorgfältig nach unten gedengelten Mundwinkeln.

Keine Angst, das wird jetzt kein Plädoyer fürs animateur-hafte Dauergrinsen professioneller Dienstleistungsamerikaner. Aber ein futzifutzikleines bisschen mehr Freundlichkeit stünde auch unserer Seite der Welt nicht so schlecht. Gerade jetzt, wo die Sonne so trüb vor sich hinfunzelt, gilt: Ein Lächeln macht die finstersten Wintertage heller. Und das Beste daran: Man muss nicht einmal besonders weiße Zähne dafür haben.

Was ist erhellend?

Die Laterne

Das Leben hat mich gelehrt: Misstraue Menschen, die zu oft lächeln. Und misstraue Menschen, die zu oft fragen, wie es dir geht. „Pass auf auf dich", säuselt eine Kollegin seit Tagen. „Sei ja vorsichtig!", rät der Nachbar. „Geht's dir wohl gut?", fragt der Chef.

Hallo! Mach ich den Eindruck, dass meine Tage gezählt sind und ich mich nur noch mit letzter Kraft auf den Beinen halte? Sind das quasi „Famous Last Genesungswünsche", die ihr mir angedeihen lässt? Zur Beruhigung: Ja, ich pass eh auf auf mich. Ja, ich bin eh vorsichtig. Und ja, es geht mir eigentlich ziemlich gut im Moment. Aber dann plötzlich die erhellende Einsicht: Mein Weihnachtsschmuck-Malheur jährt sich bald. Deshalb sind meine Mitmenschen so besorgt um mich.

Kurz zur Erinnerung: Am ersten Advent des Vorjahres kletterte ich hurtigen Schenkels aufs Dach, um dort die unverzichtbaren Lichterketten zu montieren; stürzte ebenso hurtigen Schenkels von der Leiter und brach mir dabei den Arm. Und jetzt haben a) die Kollegin Angst, dass sich der Vorfall wiederholt und sie sich wieder meine Jammerei anhören muss, b) der Nachbar Angst, dass er mich wieder vom Boden auflesen und ins Krankenhaus bringen muss und c) der Chef Angst, dass er wieder einen Ersatz für mich braucht. Entwarnung, Leute, nur das Licht einer Laterne erhellt diesmal mein Haus.

Zugluft ohne Leben

Kann dann bitte jemand die Tür zumachen? Danke. Auf einmal spüre ich, wenn's zieht. Uschka amüsiert sich immer darüber, wenn ich mir im Gasthaus meine Jacke um die Schultern hänge. So was kennt man, sagt sie, sonst ja nur von den Ahninnen auf den Siebzigerjahre-Familienausflugsfotos. Jaha, lustig.

Und dann noch die Bürosituation. Die Kollegen: zauberhaft, aber ein Sauerstoffbedürfnis haben die, unglaublich. Auch im Winter. Dauernd ist irgendwo ein Fenster offen, weil gelüftet wird. Ich finde das störend, ich möchte bitte in Ruhe vor mich hinmodern. Das geht aber nicht mit kalten Füßen.

Die tiefste je in Österreich gemessene Temperatur, habe ich jetzt nachgeschlagen, stammt aus einer Doline in den steirisch-niederösterreichischen Kalkalpen: minus 52 Grad. Der zweittiefste Wert wurde in Zwettl im Waldviertel gemessen: minus 36,6 Grad.

Der drittkälteste Ort in Österreich sind meine Füße. Mit denen könnte man das ganze Jahr über unaufwendig Getränke kühlen (auch wenn ich davon abrate). Über null Grad hatten sie das letzte Mal, glaube ich, Anfang September.

Noch etwas, das meine Mutter bestimmt freut: Seit diesem Winter setze ich mir was auf. War früher unvorstellbar, weil wenn ich eine Haube trage, sehen meine Haare nachher ungefähr so fluffig aus wie der Abdichthanf aus einer zwanzig Jahre alten Küchenarmatur. Nicht einmal die Zugluft der steirisch-niederösterreichischen Kalkalpen brächte Leben in diese Frisur.

Was wärmt unser Herz?

Voll funktionstüchtig

Alter ist jene Lebensperiode, in der wir die Sünden, die wir noch begehen, dadurch wettmachen, dass wir jene verabscheuen, die zu begehen wir nicht mehr imstande sind, wusste der weise Zyniker Ambrose Bierce. Ich fürchte, den Prozess des Alterns werde auch ich erleben.

Die Sünden, sie schlummern ja bekanntlich in uns allen; allein, es fehlt an Saft und Kraft, sie adäquat in die Tat umzusetzen. Blöde Situation. Mein derzeitiger Gesundheitszustand ist ein leiser Vorgeschmack auf diesen Prozess. Mein Flügerl ist noch immer lahm, hinzu kommt ein akutes körperinternes Schlamassel, das mich dazu zwingt, meine Lieben daheim darum zu bitten, den Weg zwischen Wohnzimmer und Sie-wissen-Schon stets freizuhalten.

Die beste aller Ehefrauen, eher nicht der Prototyp einer geduldigen Krankenpflegerin, begegnet meinen Wehwehchen neuerdings mit viel Verständnis und Fürsorge. Sie wärmt mir sogar Fencheltee und damit das marode Herz. Eh voll nett, denke ich mir gerührt auf dem Weg zum Sie-wissen-Schon. Aber müsste mich diese Sanftheit nicht stutzig machen? Schon! „Wir werden halt alt", lächelt sie, streicht mir zart übers Haar und flüstert: „Du bekommst übrigens langsam eine Glatze."

Nix Glatze, nix krank, nix alt, grummle ich auf dem Sie-wissen-Schon vor mich hin. Ich bin ein voll funktionstüchtiger Sünder!

Es ist nicht immer leicht

Kann sein, dass es Leute gibt, die es keineswegs stört, wenn ich die Klappe halte. Kann auch sein, dass diese Leute mit mir leben und dass es sich bei ihnen um eine einzige Person handelt. Diese Person entwickelt neuerdings Vermeidungsstrategien, die mir Respekt abnötigen. Wenn auch ungern.

Folgendes: Manchmal muss ich den Herzbuben anschmollen. Die Gründe sind mannigfaltig und im Wesentlichen durch das 3K-Problem beschrieben: Kühlschrank, Körperhygiene, Kulturdifferenzen. Insgesamt verdient er sich seine Schweigestrafen redlich. Nur: Er büßt sie nicht ab.

Schmollen, das weiß jeder, ist Schweigen auf Kosten eines Schuldigen. Man setzt sich ungemütlich zusammen, und alle Halblang unternimmt der Beschmollte einen zaghaften Konversationsversuch, auf den die Schmollerin mit einem unwirschen „Mh" oder „Pf" reagiert. Und zwar so lange, bis die Schmollschuld abgetragen ist. Wichtig: Die Schmollzeit muss gemeinsam abgesessen werden. Einen leeren Raum kann man nicht anschmollen. Wenn aber der Beschmollte, nennen wir ihn der Einfachheit halber HB, ständig die Schmollkammer verlässt, weil er angeblich was in Küche, Garten, Klo zu tun hat, verstreicht kostbare Schmollzeit ungenützt. Es sei denn, man verfolgt den Beschmollten durchs ganze Haus, stumm und anklagend wie Banquos Geist. Nur kommt man sich dabei bald blöd vor. Kann sogar sein, dass man über sich lachen muss. Dann ist es, eh klar, vorbei mit dem Schmollen. Es ist halt oft nicht leicht.

Wie lange darf man schmollen?

Kommissar Kurt Melichar

Männer schmollen länger als Frauen, haben amerikanische Psychologen herausgefunden. Ich halte diese Behauptung für eine Frechheit und werde jetzt deshalb ein wenig darüber schmollen.

Haha, war ein Scherzchen. Ich schmolle nie! Und wenn jetzt jemand das Gegenteil behauptet, bin ich total beleidigt. Dummerweise wird die Anzahl jener Menschen, die das Gegenteil behaupten, in letzter Zeit immer größer.

Was ist bloß los – mit den Anderen? Ich hege den Verdacht, dass eine Kämpein gegen mich läuft. „Heute spinnt er wieder!", sagen sie. Und machen einen großen Bogen um mich. Der Vater, der Sohn, die Frau, die Kollegen, die Hauskatze. Sie stecken alle unter eine Decke! Verleumderische Bande! Schämt euch! Sie haben mich so weit gebracht, dass ich das Unmögliche in Betracht ziehe: Könnten sie recht haben? Könnte es sein, dass ich wunderlich werde? Könnte es sein, dass ich ende wie Henning Mankells Kommissar Kurt Wallander: gaga, hypochondrisch, neurotisch, einsam, grantig.

Aber dann denke ich mir: Schmarrn! Ich lese buddhistische Bücher, ich höre die Gesänge der Mönche von Heiligenkreuz, ich trinke grünen Tee, ich sitze andächtig unter meinem Lindenbaum. Ich bin ein edler Mensch, hilfreich und gut. Ich habe meine Mitte gefunden.

Und wenn ich unrund bin, dann nur deshalb, weil die Anderen das anders sehen.

Nichtraucherhotels, ich bin dafür!

M it dem Ex-Freund zum Konzert nach Wien. Was der im Auto zusammenraucht noch immer; früher hätte ich ihm deswegen einen Baum nach dem anderen aufgestellt, aber Distanz schafft Gelassenheit. Gelassenheit wiederum bewirkt, dass ich beim Aussteigen rieche, als hätte man ca. 10.000 Aschenbecher mit mir ausgewischt, aber in Wien ist eh grad Windstärke 12, das lüftet gut durch.

Ein alter gemeinsamer Held spielt ein Konzert in der Stadt. Viele stehen aber nicht am Eingang. Typisch, da kommt wieder keiner! Wir teilen uns ein wärmend selbstgefälliges Gefühl, wie früher. Da waren wir uns auch immer so schön einig, dass nicht die Anzahl, sondern die Güteklasse seiner Anhänger den Künstler ehrt. Und hier: offensichtlich nur Handverlesene, z. B. wir. Dann verschwatzen wir uns hinten an der Bar, und als Daniel Johnston auf die Bühne kommt, sind plötzlich 1000 Leute im Saal. Das wiederum ehrt Wien, und überhaupt singt Daniel Johnston dann mein Lieblingslied „Worried Shoes".

Nachher setzt mich mein Ex-Freund in dem ziemlich großartigen, ziemlich heruntergekommenen Hotel ab, das er seinerzeit entdeckt hat, in dem er aber nicht mehr schläft, seit sie ein allgemeines Rauchverbot eingeführt haben. Und wer checkt am nächsten Morgen neben mir aus? Daniel Johnston. So ein schönes Konzert, sage ich, danke. Und er sagt: „Thank you." Ich bin also jetzt mit Daniel Johnston persönlich bekannt. Nichtraucherhotels: Ich bin dafür.

Was zählt mehr: Qualität oder Quantität?

Jack Taylor und ich

Mein lieber Freund Jack Taylor, gnadenloser Befürworter von illegalen Substanzen aller Art und gezeichneter Held des irischen Krimiautors Ken Bruen, würde sich an der Theke seines Lieblingspubs anklammern, mich ungläubig anblicken und fragen: „Was ist das denn für eine bescheuerte Frage, mein verwirrter Bernie?" Dann würde er einen großen Schluck Guinness nehmen, einen kleinen Schluck Jameson als Begleitung hinterherschicken und folgenden Satz in den lehmigen Pubboden meißeln: „Qualität oder Quantität? Beides, Bernie, beides: große Mengen Bier, große Mengen Whiskey. Und das in hoher Qualität." Dann würde er strahlen, wie es die Sonne über Connemara nie tut, und ein weiteres Pint ordern.

Ich aber würde mir diesen Jack Taylor gehörig zur Brust nehmen. „Jack, du argumentierst nicht redlich!", würde ich kontern. „Du bist eine Romanfigur, ein Wortgebilde, nicht echt. Du kannst dich aufführen, wie du willst, im nächsten Band wirst du wieder nüchtern und intakt sein. Zumindest einige Seiten lang." Jack hört zu. Ich setze fort. „Im wahren Leben, Jack, läuft das so ab: Wenn du die Quantität deiner Lebensjahre steigern willst, musst du bei der Qualität deiner sündhaften Gewohnheiten Abstriche machen. Das nennt man dann nicht Vernunft, sondern Überlebenswillen." Jack wird ernst: „Echt, so beschissen geht es euch Typen da draußen?" Dann grinst er: „Trinkst du noch ein kohlensäurefreies Mineral?"

„Die Hände meiner Frau sind schön,
unendlich schön."

Es gibt Suppe

Angefangen hat es harmlos; Häschen wurde der Gemüse-kiste nicht mehr Herr, die ihm der Biobauernhof jede Woche schickt. Muss man ja zugeben, dass die Verarbeitungsherausforderungen, vor die Schwarzwurzel und Pastinaken einen langjährigen Eierspeisbrater stellen, nicht unbeträchtlich sind. Letztens schleppt er zwecks offizieller Identifikation und Beratschlagung einen Rucksack voll mit anonymen Legumen etc. an. Blaue Fisolen. Pak Choi. Das gelbe warzige Monster ist eine Gurke, die kannst du in den Salat schneiden, sage ich, und das rotfleckige Ufo ist ein Kürbis, aus dem machen wir jetzt Suppe. Was sich dabei zeigt: Es ist sein erstes Mal am Pürierstab. Aber Häschen püriert tadellos, mehr noch, Pürieren gefällt ihm. So sehr, dass mich am nächsten Tag die Vollzugsmeldung ereilt: Pürierstab angeschafft. Seither verlässt, glaube ich, nur noch Breiförmiges Häschens Küche: Karotten, Fenchel, möglicherweise auch Wurstbrote – es sieht so aus, dass hier ein Mensch sein Glück darin gefunden hat, dass er nicht mehr kauen muss. Ich bin natürlich die Letzte, die sich beschwert, weil ich jetzt dauernd zum Suppenessen eingeladen werde.

Ich bin auch schon am Überlegen, ob ich Häschen als Nächstes mit Standmixer oder Druckkochtopf zusammenbringe. Es kann Großes daraus werden. Dann ist mir warmes Essen auf Jahre garantiert!

Was ist schön?

Familienaufstellung

Die Hände meiner Frau sind schön. Unendlich schön. Die Finger daran haben mich vor 30 Jahren und einen Tag berührt und mir eine Ahnung von Ewigkeit gegeben. Die Nase meines Sohnes: Mein Gott, wie schön! Als er im Bauch seiner Mutter schlummerte, dachte ich mir noch: Huch, vielleicht ein wenig groß. Als er dann schlüpfte, der Sohn, sah ich: Es ward eine perfekte Nase. Wie schön! Mamas letztes Lächeln war schön. Es hat gesagt: Bleib bei der Frau mit den kleinen Händen, sie tut dir gut. Dann ist Mama fortgegangen, seither tanzt sie vergnügt mit Elvis Rock 'n' Roll. Das ist eine total schöne Vorstellung!

Falten waren schön, daraus habe ich die Fäden meines kleinen Ichs gezogen. Nie war Oma weit fort, dennoch hat sie die Weisheit der ganzen Welt im Gesicht getragen. Opa war ein schöner Falott. Er diente dem Herrn und sich selbst. Mit seinem wunderschönen Waffenrad hat er Runden durch das Dorf gedreht und immer höflich seinen Hut gelüpft. Bis zum allerletzten Tag seines Lebens hatte Opa eine schöne Rasur.

Vaters Mut ist schön. Und seine Zuversicht. Egal, was passiert, das Wetter wird wieder schön werden. Heute, morgen oder eines schönen Tages. Jetzt bin ich ganz schön vom Thema abgekommen. Oder doch nicht?

Familienbande

Man ist beim Canasta

Telefonat mit meiner Mutter. Mein Vater lässt ausrichten, es gefällt ihm gar nicht, dass ich so oft übers Tschechern schreibe. Weil, wie steht er dann da. Dabei hat er keinen Grund zur Beanstandung, ich bin noch immer auf Alkoholkarenz und habe mich bis zum vierten Loch im Gürtel vorgearbeitet (ohne Atmen).

Nur: lustig ist das nicht, speziell so gegen 23 Uhr wird's öd, wenn man die Kraft aufbringen muss, sich noch ein Mineralzitron („Groß, bitte!") zu bestellen, während die anderen gerade das fünfte Achtel in Arbeit haben. Ich finde, ich mache das einserverdächtig, bis auf einen Tag in der Woche, da habe ich frei.

Als Tochter stehe ich, glaube ich, derzeit auf einem Dreier, ich rufe zu selten an, aber das sagen alle Eltern bekanntlich immer. Wenn ich anrufe, sagt meine Mutter, warum rufst du nie an? Und ich sage: Ich rufe gerade an. Meistens, wenn ich anrufe, ist ohnehin gerade Besuch da, oder meine Eltern heben nicht ab, weil sie unterwegs sind, Museum, Restaurant, Canasta, so ein aktives Sozialleben wie die möchte ich einmal haben. Und zwar nicht in ihrem Alter, sondern überhaupt.

Aber mit Mineralzitron ist das nicht leicht, Mineralzitron hemmt die soziale Interaktion, und könnte bitte endlich jemand ein nichtalkoholisches Getränk erfinden, das nicht picksüß oder grauslich schmeckt. Sonst bleibt mit nur daheimzubleiben und meine Eltern anzurufen. Die sind aber beim Canasta.

Brauchen wir Noten?

Das Notizbuch

Man hat so seine Vorstellungen vom Leben. Blöderweise kommt dann immer etwas dazwischen, meistens ist es das Leben selbst.

Ich zum Beispiel hab mir immer folgenden Dialog mit meinem Sohn vorgestellt: Sohn: „Ich weiß, dass das ein großes Ziel ist, Papa, aber eines Tages möchte ich so werden wie du." Ich: „Wenn du dich anstrengst, kannst du alles im Leben erreichen, mein Kind." Sohn: „Danke, Papa. Diesen schönen Satz werde ich mir gleich in das schöne Notizbuch eintragen, das du mir einmal geschenkt hast." Ich: „Gut so, mein Kind, Gedanken für die Ewigkeit wollen auf edlem Papier festgehalten werden."

Irgendwann bin ich dann doch aufgewacht und wollte meinem Sohn von diesem lustigen Traum erzählen. Blöderweise hängt am Eingang zur Jugendhöhle seit Wochen das Schild „Tag der geschlossenen Tür".

Nach stundenlangem Klopfen wurde mir dann aber doch Einlass gewährt. Sohn: „Was ist?" Ich: „Stell dir vor, was ich gerade geträumt hab…" Sohn: „Keine Zeit, muss Mathe lernen." Ich: „Apropos…" Sohn: „Nur ein blöder Punkt hat mir zum Genügend gefehlt. Das ist voll ungerecht." Ich: „Was ist ungerecht." Sohn: „Alles." Ich: „Aha." Sohn: „Ist sonst noch was?" Ich: „Hast du eigentlich dein Notizbuch noch…?"

„Das Glück ist ein Vogerl, das einen ziemlichen Huscher hat!"

Jede Menge gute Gründe

Ein krachfrisch überzogenes Bett. Tulpen. Tauchen. Neue Schuhe. Im Saal zu sein, bevor der Film anfängt. Der Satz: „Gut schaust du aus" nach einem langen Abend. Schweinsbraten mit Kruste – und mit Freunden. Zuschauen, wie die Meisen den Nistkasten beziehen. Vom Liebsten eingekocht zu werden. Mit Reinhard schweinigeln. Häschen schurigeln. Sonne. Regen (manchmal). Der erste Schnee. Mit den Freundinnen durch Irland/Schottland/Wales. Sonnenuntergang in Worm's Head. Endlich eine Badewanne ausgesucht zu haben. Ein Installateur, der tatsächlich kommt, wenn er sich angekündigt hat. Milchschaum. Marienkäfer. Aufwachen (und liegen bleiben können). Zu Weihnachten bei den Eltern „Es ist ein Ros entsprungen" singen. Laufen (bzw. vom Laufen heimkommen). Uschkas und mein Mantra „Eines haben wir immer noch getrunken", wenn es eigentlich schon vor Stunden Zeit zum Heimgehen gewesen wäre. Gitarre spielen. Gu*SELBSTZENSUR*ex. „Parole" von Mina und Adriano Celentano. BWV 21 und 82. „There, There" von Radiohead (wegen dem Text, und wegen dem Video auch. Ach was, eigentlich alles von Radiohead.) Ein Mann, der beim Rasieren singt. Erdbeeren. Himbeeren. Ein Kind, das einem lachend um die Beine läuft. „Mad Men". Das neue Buch von Robert Bolaño. Nachdenken über Dinge, die einen glücklich machen, und feststellen, dass man noch lange so weitermachen könnte. Dann aber doch aufhören, weil jeder einmal drankommen soll. Jetzt Sie!

Was macht uns glücklich?

Wer hat jetzt einen Vogel?

Das Glück ist ein Vogerl, das einen ziemlichen Huscher hat. Setzt es sich nieder auf unseren Fuß, tut es das so leise und unauffällig, dass man es nicht merkt. Dann fliegt es weg, das Vogerl, und zwitschert laut: Tschiwipptschiwipp, ich war gerade bei dir, und du hast mich gar nicht gesehen. Fieses Federvieh! Das Glück ist also jener Zustand, den man erst dann spürt, wenn er vorbei ist. Somit ist Glück immer ein Retrogefühl, eine Erinnerung an Vergangenes.

Hallo, geht's noch fieser? Ich habe beschlossen, energisch gegen diese Schweinerei vorzugehen. Ab sofort werde ich mir ständig – im Hier und Jetzt – darüber im Klaren sein, dass ich gerade hochgradig glücklich bin. Die beste aller Ehefrauen begrüßt mich Samstag früh nicht mit einer elendslangen „To-Do"-Liste fürs Wochenende, sondern mit einem entzückenden Lächeln. Das ist ein wahres Glücksgefühl, und ich bin mir dessen total bewusst. Der liebe Sohn wuchtet mir nicht seine grölenden Wikinger-Rocker ins wunde Ohr, sondern säuselt ein liebliches „Guten Morgen, Papa". Das ist ein wunderschönes Glücksgefühl, und ich nehme es augenblicklich ganz intensiv wahr. Die Kolleginnen begrüßen mich nicht mit einem „Seas, alter Mann", sondern stellen fest, wie fesch und jugendlich ich heute aussehe. Das macht mich total glücklich, ich spüre das. Hier und jetzt. Ätsch, Vogerl!

Was Katja von Shrek lernen kann

Leute, die einem sagen: „Hast du aber einen dicken Popo!"
muss man nicht lieben. Es gibt allerdings Ausnahmen und
die sind derzeit sechs Jahre alt und verwandt mit mir. Was ent-
gegnet man auf eine derart schmerzhafte, aber schlecht wider-
legbare Feststellung? Ich hätte gern mit: „Und du hast einen dicken Papa!" gekontert. Das stimmt nur leider nicht. Also habe
ich mich für: „Sag das noch ein Mal und ich setz mich auf dich
drauf" entschieden. Trotzdem ging der Punkt eindeutig an Katja.

Abgesehen davon, dass sie mir fröhlich Dolche ins Herz
stößt, begehrt meine Nichte mit mir ins Kino zu gehen, und
zwar in „Hanni und Nanni". Denkste. Wenn, dann schauen wir
uns „Shrek" an. Dickere Hintern hat die Entertainmentindustrie
derzeit nicht zu bieten und das Kind kann anhand der Ver-
gleichsmöglichkeit sein Urteilsvermögen schärfen. Scheint ja
auch dringend nötig zu sein.

Ansonsten gilt: so eine kluge Kleine! Mit sechs hat Katja
schon gelernt, dass man sein Zimmer nur lange genug nicht
aufräumen muss, dann schmeißt ein Erziehungsberechtigter die
Nerven weg und macht sauber. Und beim Tischtennis beweist
sie Potenzial zur Spitzensportlerin: Wenn sie verliert, liegt es am
Material: Schlägertausch, aber dalli! Natürlich gewinne ich ein
zweites Mal, und zwar gnadenlos. Rachsucht gegenüber Sechs-
jährigen ist verwerflich? Kann sein, aber keiner hat's gesehen,
und auf Konter wie: „Hast du aber einen dicken Komplex!"
kommt Katja noch nicht von selber.

Tut Kindermund Wahrheit kund?

Nix mehr Daddy Cool

Kinder sind voll lieb. Nach der langen Schlafen/Schreien/ Futtern/Gacksen-Phase dieses gespannte Warten auf das erste Wort. Natürlich war es: „Mama". Ich war tief beleidigt, habe mich dann aber damit getröstet, dass ich ja der Zweitgereihte sein werde.

Das zweite Wort war: „Nein". Das dritte übrigens „Opa". Dann habe ich zum Zählen aufgehört. Dann die schöne Zeit, wenn das Kind laufen lernt – und die Sprache noch auf wackligen Beinen steht. Entzückend, was da alles aus den kleinen Mündern kullert. Aus „Falten" werden „Spalten", mit den toten Vogerln im Vogelsalat haben die kleinen Geschöpfe Mitleid, in der Bibliothek wird darüber gestaunt, dass dieser Herr „Roman" so unglaublich viele Bücher geschrieben hat. Die Kleinen werden groß und stark, die Sprache wird halbstark. Was nicht cool ist, ist geil. Jeder über 10 ist ein „Alter"; jeder, der nicht cool oder geil ist, voll „behindert". Und am behindertsten sind die Großen, die das coole Jungsprech nicht krass finden.

Als mein Sohn endlich „Papa" in seinen Wortschatz aufnahm, paarte er es oft mit dem Wort „cool". Ich war der gute Polizist, die Mama der böse. Das war meine späte Rache. Sie währte allerdings nicht lange. Das Wort cool wurde seltener, es musste Platz machen für das grausliche „peinlich". Mah, tut das weh! Früher Daddy Cool, jetzt ein peinlicher Zappelphilipp. Und nur, weil ich beim letzten Rockfestival neben ihm abgetanzt habe. Und ich dachte, das sei geil.

*„Mein Speckgürtel wandert
nach oben."*

Zukunft als Gardinenfrau

Habe ich schon erwähnt, dass ich gerade dabei bin, die Schwerkraft zu besiegen? Danke für die Glückwünsche, so toll ist das gar nicht. Mein Speckgürtel wandert nach oben. Früher hat er sich gern in Hüfthöhe angelagert, mittlerweile bevorzugt er die Nabelregion. Meine Taille ist eine vage Erinnerung, der Hosenboden liegt in Sorgenfalten, dafür macht der Reißverschluss Probleme. Wenn das so weitergeht mit dem Wanderspeck, habe ich in fünf Jahren einen Hals wie Dirk Bach.

Und inzwischen habe ich nichts mehr anzuziehen. Gummizug kommt nicht in Frage, und ja, ich weiß, dass man jetzt weite, kaschierende Oberteile trägt, aber ich will ja nicht herumlaufen wie jemand, der sich in seiner Wohnzimmergardine verfangen hat.

Dass ich letztens in der Buschenschank mit Onkel Ernsti nach einer Familienportion Sulz mit Ei dann der Marmeladebuchtel auch nicht ausweichen konnte, trägt zur Lösung des Problems nicht wirklich etwas bei. Wenn ich das meiner Mutter erzähle, wiegt sie das Haupt und sagt: Oje. Und der Wein, der Wein. Da musst du auch aufpassen. Dann füttert sie mich mit Selchbroten. Dabei bräuchte ich jemanden, der mir einmal so richtig alles durchverbietet. Zu viel Verständnis ist schlecht, das endet damit, dass die Leute sagen: Schau, da kommt die Gardinenfrau. Ja, die, die so aussieht, als trüge sie einen Berg Buchteln unterm Hosenbund spazieren.

Wie reagieren wir auf Verbote?

Ich darf!

Meine Mutter, möge sie im Himmel nach Herzenslust Boogie-Woogie mit dem lieben Gott tanzen, war eine Seele von einem Menschen, die mir als Kind jede Spitzbuberei durchgehen ließ. Aber ich glaube, einmal war selbst sie mit ihrer Geduld am Ende und hat die drei furchtbaren Pfuigaga-Worte ausgesprochen: „Du darfst nicht!" Ui, ui, ui. Das hätte sie nicht tun sollen. So etwas führt zu einer ausgewachsenen Verbotsphobie und kostet ein noch ausgewachseneres Psychiaterhonorar.

Parkverbot? Aber ich darf schon dort stehen bleiben! Kostet 21 Euro. Geschwindigkeitsbeschränkung? Aber ich darf schon durchs Ortsgebiet glühen! Kostet 50 Euro.

Die grauslichen Verbotsexzesse setzen sich dann in den eigenen vier Wänden fort. „Du darfst am Abend nicht fünf Kilo Gummibären in dich reinschaufeln", sagt die beste aller Ehefrauen. Aber ich darf schon! Kostet fünf Kilo. „Du darfst dich in deinem Alter nicht aufführen wie ein Jugendlicher", sagt der Junior. Aber ich darf schon! Kostet viel Selbstachtung. „Du darfst dich nicht immer benehmen wie ein beleidigtes Kind", sagt der Freund. Aber ich darf schon. Kostet eine Freundschaft.

Ich weiß was: In meinem Büro werde ich jetzt viele, viele „Ich darf"-Schilder montieren. Kostet allen viele, viele Lacher.

„Der Neid ist die aufrichtigste Form der Anerkennung."

Häufiger werdende Gefühle

Es gibt Momente, in denen man seine Liebsten nicht besonders liebt: Wie zum Beispiel soll man eine knapp 21-Jährige gern haben, wenn sie so nebenher berichtet, dass sie die letzte Nacht in der Postgarage durchgetanzt hat und dabei – nach höchstens zwei Stunden Schlaf – putzmunter und mit völlig schwellungsfreiem Pfirsichgesichtchen vor einem sitzt, gut gelaunt Schwarzwälder Kirschtorte in sich hineinschaufelt und alles in allem aussieht wie die schaumgeborene Venus höchstpersönlich?

Ich lasse meine Nichte reden und versuche mich nicht daran zu erinnern, wie unglaublich schwerfällig sich nach meiner letzten halbwegs durchgefeierten Nacht meine Ablösung von der Bettstatt vollzog. (Ungefähr so, wie wenn man einen alten eingetretenen Kaugummi vom Gehsteig kratzt.)

Neid ist ein häufiger werdendes Gefühl. Nicht nur, weil meine Nichte ungestraft über die Stränge schlagen kann. Auch weil sie dafür problemlos Komplizen findet. Ich dagegen lebe mit einem Mann, der abends immer Couchdienst hat, und schleppte daher letztens an seiner statt Häschen zu einer kleinen Feierlichkeit. Wo selbst er, als nach Buffetschluss endlich die Stromgitarren angesteckt wurden, müde wurde und heimging. Aber mit meiner Nichte geh ich auch nicht hüpfen. Da müsste ich mir ja die drei Tage danach immer freinehmen, zur Wiederherstellung der grundlegenden Vitalfunktionen. Weil: Müdigkeit ist auch ein häufiger werdendes Gefühl.

Lieber gemeinsam oder einsam?

Hier kommt Henry Katze

Ich muss Ihnen unbedingt von Mimi erzählen, besser gesagt von Henry, was aber ohnehin aufs Gleiche hinausläuft, denn Mimi = Henry. Das kam so: Vor einigen Monaten lief uns eine Streuner-Katze zu. Ein schwer ramponiertes Vieh, abgemagert bis auf die Knochen, Kampfspuren im Gesicht, ein Stückerl vom Ohr fehlt. Schönheitspreis gewinnen wir keinen mit dir, dachte ich mir, aber ein schräger Outlaw wie du soll einen warmen Platz bei uns haben. Eine kurze Nachschau ergab: Ein weibliches Wesen – Mimi sollte es heißen – frisst mir da aus der Hand.

Die Freude und der Name währten nur kurz, denn der Tierarzt erstellte eine andere Geschlechtsdiagnose. Seither heißt Mimi Henry, und die beste aller Ehefrauen muss sich mit einem weiteren Mannsbild in der Familie abplagen. Henry kommt, wann er will, Henry geht, wann er will. Er treibt sich nächtelang herum. Ungestraft, ungefragt. Oft höre ich aus der Ferne seine Lockrufe. Mädels, nehmt euch in acht, lächle ich, hier kommt Henry, und er ist kein Typ, der sich nur mit Pfötchenhalten zufriedengibt.

Wenn Henry seinen Spaß hatte, liegt er wieder vor unserer Haustür, schnurrt zufrieden und nimmt gnädig sein Futter in Empfang. Dann rollt er sich zusammen und schläft seinen Kater aus. Ein einsamer Matrose, der weiß, dass er einen sicheren Heimathafen hat. „Der Neid ist die aufrichtigste Form der Anerkennung", sagte Wilhelm Busch. Anerkennung, Henry, sage ich.

Neben der sehe ich irgendwie alt aus

Leonard Cohen singt so schön, finden meine Schwester und ich, da kann man ruhig zweimal innerhalb eines Jahres zum Konzert gehen. Letzten Sommer hat er uns in Wiesen vorgesungen, wir saßen im Gras, um uns herum sogen die Menschen an lustig machenden Kräuterzigaretten, und gegen Ende wurde entsprechend ausdrucksvoll getanzt. Ein schöner und spezieller Abend, auch weil einem ja eher selten ein Mitte Siebzigjähriger eine richtig tolle Party schmeißt. Letztens war es auch schön, aber weihevoller, in einem Konzertsaal. Das Publikum war fein säuberlich in Sitzreihen geschlichtet, insgesamt lief das Konzert geordneter ab. Nur nicht in unserer Reihe, weil meine Schwester zwanglos mitsang und -schwang und beherzt in die Klatschpausen hinein juhuite, zwischendurch rief sie ihre Tochter an („Damit sie mithören kann"), und am Schluss bei den Zugaben hat sie auch noch mit den Armen gewedelt. Jeder genießt auf seine Art, jeder genießt auf seine Art, sagte ich mir währenddessen vor, außerdem hatte sie die Karten bezahlt und es war ihr Geburtstag.

Beim Heimgehen fiel mir dann ein, dass uns die Leute oft fragen, ob wir Zwillinge sind. Angeblich lachen wir ganz gleich. Abgesehen davon ist sie acht Jahre älter als ich, aber das lassen wir uns nicht anmerken. Das heißt, ich würde es mir schon anmerken lassen, aber dieses Luder ist ja dermaßen welt- & lebensfroh, neben der sehe ich irgendwie alt aus. Vielleicht, denke ich, vielleicht sollte ich im Leben ja mehr wedeln und juhuien.

Wofür schämen wir uns?

Blöder Scherz

Ja, schön hat er wieder gesungen, der Leonard Cohen, und wieder war das ein Konzert, bei dem ich nicht der älteste Zuhörer war, so etwas baut so richtig auf. Dennoch war dieser wunderbare Abend etwas überschattet. Und das kam so: Ich hatte die Ehre, meinem Chef Karten besorgen zu dürfen. Der netten Dame an der Abendkasse habe ich zugezwinkert: „Mir geben S' die guten Plätze, der Chef kann ruhig weiter hinten sitzen." Natürlich war das als übermütiges Scherzchen gedacht. Nie würde mir in den Sinn kommen, die Hierarchie über den Haufen zu werfen. Ich ganz vorne auf den bequemen Sitzen, er hinten in den harten Plastikschalen. Um Himmels willen, das geht doch nicht! Trotzdem habe ich mich im Nachhinein so richtig für meinen frechen Übermut geschämt. Was ist, schoss es mir durch den Kopf, wenn die nette Dame an der Abendkasse meinen Scherz nicht verstanden hat? Nicht auszudenken! Ich bekam leider eine harte Plastikschale. Aber immer wieder drehte ich mich um, ob der Chef nicht noch weiter hinten sitzt, in einer noch härteren Schale. Der gute Leonard besang seine Suzanne, er verabschiedete sich von Marianne, er bezog das Chelsea Hotel. Aber so richtig genießen konnte ich das nicht. Immer wieder der Blick nach hinten. Der Hals tat mir auch schon weh. Dann entdeckte ich meinen Chef. In der fünften Reihe, auf einem bequemen Sitz. Gott sei Dank! Nie wieder mache ich so blöde Witze.

„Meine Altersgruppe gehört noch nicht zu den ZiB-Schläfern."

Zu junge DJs

Zum Geburtstag gratuliert mir Häschen per Zusendung eines Ständchens, das der „Rolling Stone" vor Jahren zum 335besten Gitarrensong aller Zeiten auserkoren hat. Was beweist, dass der „Rolling Stone" gar nichts von Musik versteht, weil „Sweet Jane" lange Zeit der beste Song war, mein Lieblingslied nämlich, damals, als ich Glamrockerin war.

Inzwischen ist der schwarze Nagellack abgeblättert und sonst auch so einiges, aber egal, noch ruft Dörtchen an, um mir mitzuteilen, dass ich gar nicht aussehe wie 65, haha, und ab Mitternacht trudeln die ersten Geburtstagssmse ein, was zweifach erfreulich ist, erstens, weil meine Lieblingsmenschen an mich denken. Zweitens, weil es zeigt, dass meine Altersgruppe noch nicht zu den ZiB-Schläfern gehört.

Erwartungsgemäß waren auch Geburtstagsgutscheine in der Post, vom Wäscheladen, von der Parfümerie, vom Friseur. Nicht ganz so erwartet war das Schreiben vom Orthopädiefachgeschäft, da kriege ich zehn Euro Nachlass auf Bequemschuhe, wenn ich will. Ich will aber nicht, ich will in Unbequemschuhen nachts mit dem Bürzel wackeln und Texte à la „Me, honey, I'm in a rock 'n' roll band" mitgrölen.

Dumm ist nur: Wer so alte Songs verlangt, erntet von den DJs von heute amüsierte Verständnislosigkeit. Lausbuben. Wer derart nichts von Musik versteht, sollte nicht so lange aufbleiben dürfen!

Wann ist das Maß voll?

Zimmer mit Aussicht

Jetzt reicht's aber, ich werde das Zimmer vermieten! Ein kleiner Zuverdienst kann nie schaden, die Zeiten werden härter, und vielleicht kann ich mir etwas für die Pension beiseitelegen. Unlängst hat man mir ja mitgeteilt, wie viel ich bekommen würde, wenn ich jetzt in den Ruhestand ginge. Ich sag nur eins: Der Mensch isst eh zu wenig Erdäpfel. Ich schweife ab.

Das Zimmer also. Juniors Zimmer. 30 Quadratmeter, südseitig, Balkon. Sehr schön, aber fast nie mehr bewohnt. Das Schuljahr hat der Junior mit einer Sprachreise nach Nizza begonnen, die Rückkehr musste natürlich gefeiert werden – bei der Freundin. Also immer leer, das schöne Zimmer. Haben Sie vielleicht Interesse? Stadtnähe übrigens, in 15 Minuten sind Sie locker im Zentrum. Unlängst hatte Thomas Geburtstag. Das musste auch gefeiert werden – bei Thomas. „Baba", sag ich. Und: „Pass auf dich auf." Junior lächelt dann nur: „Eh klar."

Nix ist klar. Warum muss das so schnell gehen? Gestern noch klitzekleiner Papa-Bub und schmusen und auf den Schultern durch London schleppen und einbuddeln im Sand auf Karpathos und, mah, das war doch erst gestern. Und heute: Futsch, weg, baba. Gar nicht wahr, dass nur Mütter leiden, wenn die Kleinen davonfliegen. Und gar nicht wahr, dass ich das Zimmer vermiete. Du kommst ja wieder zurück, mein Kleiner! Oder?

Tränenschlacht
mit Spiderman

Solche Szenen gibt's eigentlich nur im Film: Ich stolpere auf den Bahnsteig, betätige den Türöffnerknopf, und in diesem Moment setzt sich der Zug in Bewegung. Aus ihm heraus werde ich mitleidig angestarrt. Schwarze Gedanken, eine Stunde Wartezeit. Nächster Zug, und dann beginnt sich in meinem Abteil der Herr vis-à-vis die Fingernägel abzuknipsen; bevor der so intim wird, müsste er mindestens mit mir verheiratet sein, finde ich.

Vom Bahnhof zum Flughafen wird es jetzt auch schon knapp, aber natürlich geht sich alles aus, und nachher ist das Meer grün und blau und leckt gut aufgelegt den Strand ab, und die Kinder haben hier schon Ferien und kräftigen auf der Piazza noch spätnachts ihre Lungen. Eines hat sich mit Schokoeis angepatzt und ist untröstlich, weil jetzt der Spiderman auf seinem neuen Hemd besudelt ist, und gleich wirft sich eine ganze Familie in die Schlacht gegen seine Tränen.

Nachher wird es auf dem Platz tatsächlich leise, nur das Meer gibt noch immer keine Ruhe, und am nächsten Tag baumelt ein paar Balkone weiter ein frisch gewaschenes Spidermanshirt an der Leine. So gehört sich das Leben, alles wird wieder, und als Nächstes gehe ich dieses Schokoeis probieren. Wenn sich das eh so leicht auswaschen lässt.

Wer hat einen Fleck verdient?

Die Listen

Eine schöne Szene war das, circa ein halbes Jahr her: Julian und ich sitzen in London im Pub, knabbern Crisps, spielen Darts, reden über Männersachen, und plötzlich steht der Sohnemann auf, schnappt sich einen Zettel und listet alle Schulgegenstände auf, in denen er sich bis zum Jahreszeugnis verbessern will. „Good Luck", wünsche ich ihm – und vergesse die Liste wieder.

Und jetzt holte der junge Mann die Liste wieder hervor und hielt sie mir stolz unter die Nase. – „Na?", lächelt er triumphierend. – „Was, na?", frage ich. – „Gelungen!", sagt er. „Fast jedenfalls." Also kein Fleck im Jahreszeugnis, Liste (fast) abgearbeitet, in Mathe auf dem Weg zum Nobelpreisträger, in Französisch tres magnifique.

Und weil Kinder ihren Vätern oft gute Vorbilder sind, lege auch ich eine Liste an, auf der „Verbessern" draufsteht: – Am Frühstückstisch nicht an unanständigen Stellen kratzen. – Nicht laut werden, wenn mir jemand leise widerspricht. – Elektrische Zahnbürste in Halterung zurückgeben. – Nicht mit 80 km/h durchs Ortsgebiet fahren. – Keine riesigen Plastik-Buddhas mehr kaufen. Kontrolle in sechs Monaten.

Birnenplage, kein Problem

Jahrelang haben sich die beiden alten Birnbäume im Garten so verhalten, wie man es von verkrachten Existenzen erwartet: unauffällig. Und heuer, nach gut sieben Jahren Ruhe: explosionsartige Birnenplage, unterm Fruchtgewicht abbrechende Äste, Wespen, die sich bei Tisch wie besoffene Halbstarke aufführen. Wofür sie von Uschka mit dem Tafelmesser sauber zerkleinert werden (sie hat da eine eigene, sehr effektreiche Technik), und aus Wowi bricht eine Idee hervor: „Daraus gehört Most gemacht."

Fantastische Idee! Wir machen Birnenmost! Immerhin sind wir alle vom Land, und auch wenn wir am urbanen Leben Annehmlichkeiten wie den China-Express und den Umstand schätzen, dass man um elf Uhr nachts noch in die Spätvorstellung gehen kann (na gut, nur am Wochenende, und dann spielen sie „Cowboys und Aliens", aber immerhin), sind wir von einer tiefen Sehnsucht nach dem Rustikalen erfasst. Also alles super, das gehen wir gleich an! Weil Wowis Papa hat im Keller eh eine alte Handpresse stehen, und ich besorge beim Landwirtebedarf ein Druckfass, hurra die Gams, das wird idyllisch!

Drei, vier Wochen ist das jetzt her. Inzwischen sind die Birnen abgefallen, verschenkt, von den Wespen gefressen, biovermüllt. Meine Mutter hat ein paar Gläser Kompott eingekocht. Das mit der Presserei ist irgendwie nix geworden.

Aber in sieben Jahren, wenn die Bäume wieder tragen. Dann! Weil vielleicht schmeckt uns bis dahin ja der Most, der saure Lackl.

Ist das siebte Jahr verflixt?

Beziehungsuniversum

Sieben Jahre? Geschenkt, Leute! Peanuts! Winzige Staubkörnchen in meinem unendlichen Beziehungsuniversum. Jetzt bitte festhalten und mitrechnen: 3x7+3. Verflixt! So lange währt er schon, der ewige Bund zwischen mir und der besten aller Ehefrauen. 3x7+3=24.

Das gibt mir mächtig zu denken. Was stimmt nicht mit uns? Was haben wir falsch gemacht? Unter welchem Defekt leiden wir? Exemplare wie wir sind doch längst ausgestorben! Out Of Time, Baby. Aus der Zeit gefallen. Trauen, taumeln, trennen. So läuft das heute. Schneller als ein Mausklick. Und wir zwei schnuckeligen Dinosaurier: 3x7+3.

Meine Güte, wie verdammt uncool ist das denn! Es gibt nichts Schlimmes, das nicht noch schlimmer werden könnte. Weil nächstes Jahr: 3x7+4=25. 25=Silber. Silberne Hochzeit! Ich hör es schon, das Klopfen an der Tür. Und ich sehe sie schon draußen vor der Tür: den lieben Herrn Bürgermeister und den netten Herrn Gemeindekassier. Einen prächtigen Geschenkskorb in den Armen, vollgestopft mit Köstlichkeiten von unseren örtlichen Bauern. Und jetzt bitte lächeln, sagt der nette Gemeindekassier, damit wir ein schönes Foto für die Gemeindezeitung machen können. Wir gratulieren herzlich. Klick. Meine Güte, wie verdammt uncool ist das denn! Andererseits: Die Selchwürstl unserer Bauern sind ziemlich köstlich.

„… der Wirbelsäule zeigen,
wer der Chef in der Haut ist …"

Hummusdipesser

Wenn Häschen zum Geburtstagsschwof lädt, ist man pünktlich da. Höchstens, es kommen einem dringliche Bürosachen dazwischen, dann verspätet man sich ein bisschen. Und wenn man dann um, sagen wir, drei viertel zwölf anruft, dass man jetzt gleich anrauscht, sind alle schon am Gehen. Eh klar, wenn der Herr sein Wiegenfest zur Wochenmitte feiern muss. Statt an einem der dafür vorgesehenen Ausschlaftage.

Wurde etwa getanzt, frage ich panisch, weil ich stets in der Sorge lebe, es könnte hinter meinem Rücken getanzt worden sein. Nein, es wurde kein bisschen getanzt, schwört Häschen, es wurde bloß Schnaps getrunken.

Gottlob, das können sie von mir aus auch ohne mich, nur wenn in meiner Abwesenheit getanzt wird, habe ich das Gefühl, Unwiederbringliches zu versäumen; das liegt daran, dass meine Altersgruppe bei gesellschaftlichen Anlässen eine ausgeprägte Neigung zeigt, herumzusitzen und sich noch was vom Hummusdip zu nehmen, statt die Anlage auf Anschlag aufzudrehen und der Wirbelsäule zu zeigen, wer der Chef in der Haut ist. Dabei geht Feiern, finde ich, nur so; und man kann ja altersgruppenadäquate Neuerungen einbeziehen, z. B.: Jeder Ausdruckstänzer, der sich das Kreuz verreißt, wird vom Gastgeber mit Schnaps eingerieben. Falls die Hummusdipesser welchen übrig gelassen haben.

Es war einmal

Neulich sind wir alle zusammengesessen: die beste aller Ehefrauen, der Junior und ich. Kurz: Familie. Das hat Seltenheitswert, weil die Beste üblicherweise irgendwo im Haus irgendetwas Wichtiges zu erledigen hat – zum ruhig Sitzen hat diese Frau nämlich überhaupt keine Begabung; weil der Junior meist in seiner Räuberhölle hockt und mit Kopfhörer und Handy verschmolzen ist; und weil ich üblicherweise, na ja, recht früh schlafen gehe. Jetzt allerdings: zusammensitzen.

Und irgendwie kam die Rede darauf, dass wir Alten irgendwann einmal auch jung waren. Und dann haben wir Alten zum Beispiel über den Jazz-Toni geplaudert; ein legendäres Musikerlokal, in dem früher, so im letzten Jahrtausend halt, jedes Wochenende die Post abging. Viel Alkohol, viel Rauch, viel blitzg'scheite Gespräche bis fünf Uhr früh, und dann ist es natürlich flott mit der Vespa auf den Heimweg gegangen.

Oder die Interrail-Touren seinerzeit, aber hallo, das war Abenteuer pur. Die Rotweinorgie in Süditalien, das Schlafen in den Pariser U-Bahn-Schächten, kurz: La Dolce Vita, Sohnemann. Dieser hat ganz eigenartig gelächelt bei den Erzählungen der Alten. Unterwegs ist der Junior übrigens mit einer Vespa. Und im Sommer wird er auf Interrail-Tour gehen. Warum beunruhigt mich das plötzlich so heftig?

„Wenn der Junior axtschwingend in die Spätpubertät stürmt…"

Suppenkolumne

Beim Frühstück wird der vorangegangene und gelungene Abend noch einmal durchbesprochen, unter besonderer Berücksichtigung der Frage, was den bösen Kopfschmerz ausgelöst haben könnte. Uschka (fassungslos): Was, in Margaritas ist Tequila drin?!? Dörtchen: Ja, was dachtest du denn? Rindsuppe?

Apropos Rindsuppe: Meinem Vater wäre es bedeutend lieber, wenn ich mehr über häusliche Verrichtungen schriebe: „Die Leute glauben sonst, du sitzt jeden Abend im Gasthaus", und es geht ihm dabei nicht nur um meine Reputation; er hat ja bitteschön keine Saufnase großgezogen, und irgendwann muss auch Schluss sein mit Halligalli. Von mir aus, man kann auch Kolumnen übers Suppekochen schreiben. Zwiebel halbieren, am Schnitt anbräunen. Mit Knochen, Fleisch und einem Stück Leber (für den Geschmack!) ins kalte Wasser geben, Wurzelgemüse und Gewürze dazu (ich rate zu Nelken oder Pimentfrüchten), köcheln lassen, den aufsteigenden Schaum abschöpfen. Hallo? Sind Sie noch wach?

Sehen Sie, das ist das Problem. Rindsuppen sind von bescheidenem Unterhaltungswert. Unfug mit Freunden ist besser (nicht nur wegen des sich ansammelnden Kolumnenmaterials). Sollten Sie mehr der rindsuppekochende Typ sein, packen Sie Ihre Freunde zusammen und gehen Sie Margaritas trinken. Aber Vorsicht, da ist Tequila drin.

Wird uns manchmal alles zu viel?

Die liebliche Stimme

Letztens habe ich ein Loblied auf „Last Christmas" gesungen und Norwegerpullis hochleben lassen. Meine Anmerkung, dass ich selbst dieses fesche Kleidungsstück aus figurtechnischen Gründen meiden muss, blieb nicht unkommentiert. Folgendes passierte: Noch ganz verwirrt von einem Traum, in dem ein Vorgesetzter mit einer Peitsche hinter meinem Schreibtisch stand, saß ich frühmorgens in einem überfüllten öffentlichen Verkehrsmittel und dachte mir: Leicht habe ich es auch nicht! Nächtens verfolgt mich der Job-Alb, die beste aller Ehefrauen ist ständig auf Achse und der Junior stürmt axtschwingend in die Spätpubertät. Womit habe ich das verdient? Ich bin doch meist ein ganz Lieber!

Da vernehme ich plötzlich hinter mir eine liebliche Stimme: „So schlimm ist es doch gar nicht!", sagt die Stimme, die zu einer netten Dame gehört. „Was denn?", frage ich verdattert zurück. „Das Leben, mein Leiden, der Vorweihnachtstrubel? Was genau meinen Sie, gute Frau?" „Nein, nein", flüstert die liebliche Stimme. „Ich meine Ihre Figur. Sie können ruhig einen Norwegerpulli tragen."

Da gingen Bustür, Sonne und ein breites Lächeln in meinem Gesicht gleichzeitig auf. Und am Abend stürmte ich daheim sofort zum Kleiderschrank und probierte meinen Norwegerpulli an. Passt wie angegossen!

*„Das Salz kommt ins Meer, weil so viele
schwitzende Menschen darin baden."*

Uno? Zu anstrengend

37 Grad, viel kann man da nicht machen. Was gut geht: mit hitzeweichem Blick ins Blau starren. Himmelblau, meerblau, stundenlang. Dazwischen: lesen. Nachmittags, wenn die Melone angeschnitten wird, versammeln sich 32 Kinder und Erwachsene zum Völlern. Essen gegangen wird abends in zwei, drei Schichten, denn: So große Tische gibt es nirgends. Alles ist lange auf und früh aus den Federn. Die Mountainbiker starten um sechs Uhr morgens, damit sie um neun schon zurück im schützenden Pinienschatten sind. Die Jogginggruppe trifft sich um acht, das ist eigentlich schon zu spät, aber noch früher steh ich echt nicht auf im Urlaub.

Der Rest des Tages wird dem Tratschen und Dösen auf der Strandliege gewidmet, der Vermeidung jeder überflüssigen Bewegung also, die sich nicht im Wasser vollziehen lässt. Das gilt auch für die Kinder, die sich gerade noch zum Krabbentraumatisieren bereit zeigen („Papa, Papa, die hab ich fast gehabt!"), aber nicht einmal Uno spielen, so groß ist die Hitze. Höchstens die Aussicht auf Erdbeer, Schoko und Zitrone ist da noch imstande, eine 16-köpfige Minderjährigenfußwallfahrt zum Eisstand auszulösen. Eines ist den Kindern jetzt auch klar: Das Salz kommt ins Meer, weil so viele schwitzende Menschen darin baden. Bei 37 Grad klingt das dermaßen plausibel, dass man es selbst schon beinahe glaubt.

Wie kommt das Salz ins Meer?

Forsche Wanderung

„Der Weg ist das Ziel", sage ich und wandere forschen Schrittes den „Seven Sisters" entgegen. Die Felsformationen ragen kreidebleich in den rabenschwarzen Himmel; links wuselt Eastbourne, rechts Brighton, wo wir gerade sind, ist: nichts. „Mir tut das Kreuz weh", sagt die beste aller Ehefrauen, „ich hab Durst", sagt der Junior. Ich sag: „Ist's nicht schön hier?" Frau und Sohn sagen: nichts. Aber ich weiß: Es gefällt ihnen, sie können es im Moment nur nicht so richtig artikulieren.

Ein munteres Bächlein plätschert an uns vorbei. „Ist das Salzwasser?", fragt die Beste. „Natürlich!", antworte ich mit forscher Stimme. „Und wie kommt das Salz ins Meer?", will der Junior wissen. „Frag Mister Google!", antworte ich. Die Rabenwolken verziehen sich, die Stimmung hebt sich; Kreuzweh und Durst sind verflogen.

Später im „Tiger Inn" wird die allabendliche Cholesterinorgie gefeiert. Das Pub ist 400 Jahre alt, die Pommes seien aber jüngeren Datums, verspricht die rothaarige Kellnerin. Das ist feiner Britenhumor. „Wohin geht's morgen?", recherchiert der Junior. „Auf eine forsche Wanderung", antworte ich. „Nicht mehr als vier, fünf Stunden." Da fällt der Besten glatt der Salzstreuer aus der Hand. „Jetzt weiß ich immerhin, wie zu viel Salz in meine Suppe kommt", stöhnt sie. Well done! Auch das war Britenhumor.

„Über den Winter sind alle meine
Sommerhosen geschrumpft."

Sicher nicht!

Das war wieder einmal einer dieser miesen Tricks der Textilindustrie: Über den Winter sind alle meine Sommerhosen geschrumpft. Drum fahre ich jetzt eben auch mit dem Rad in die Arbeit. Ich mache es, aber es ist elend, bei 30 Grad. Man schnauft, man schwitzt, man kommt im Büro total verschmuddelt an. Aber dann sagt Werner, du schaust aber heute frisch aus, und Christian fragt, warst du beim Friseur? Offenbar macht der Fahrtwind etwas mit meinen Haaren.

So elend ist Rad fahren eigentlich gar nicht. Außerdem: Es gibt genug anderes zu besempern, z. B. dass im Radio nicht nonstop „God Only Knows" von den Beach Boys läuft. Da würde ich mir dann nämlich ein kleines Transistorradio auf die Lenkstange hängen und beim Radfahren die Gegend beschallen, so wie das früher die alten Sonderlinge immer gemacht haben. Ich hab dafür zwar noch nicht so ganz das richtige Alter, aber bereits das richtige Rad: Puch Clubman ca. 1975, so zerlempert und rostig, dass man sich auf Radausflügen mit mir schämt.

Aber will ich ein neueres, schöneres, besseres Rad? Sicher nicht. Meins ist das einzige Rad in der Stadt, das man unversperrt herumstehen lassen kann, weil es keiner fladern will. Und es ist das beste Hairstylingprodukt, das ich je besessen habe.

Muss man sich immer drängen lassen?

Bitte Zimmer aufräumen!

Jetzt haben wir es also endgültig geschafft! Nein, schon wieder falsch. Jetzt hat er es also endgültig geschafft, der Junior nämlich, die Matura nämlich. Und nicht nur irgendwie, sondern ziemlich erfolgreich. Nach der offiziell erlangten Reife gehen die Prüfungen des Lebens natürlich weiter, vor allem jene im Familienverband.

Die beste aller Ehefrauen – nimmermüde Managerin diverser häuslicher Disziplinlosigkeiten – versucht immer wieder, den Misswirtschaften ihrer Männerleut mit durchaus charmant formulierten Zetteln Herr zu werden. Das klingt dann zum Beispiel so: „Lieber Julian. Bitte Zimmer aufräumen, alte Schulsachen wegräumen, Wäsche auf den Ständer, das Auto vom Papa abspritzen. Bussi, Mama." Die netten Zettel bleiben meist dort liegen, wo die liebe Mama sie deponiert hat, und der Junior dort, wo er sich selbst deponiert hat: im Bett nämlich.

Reifeprüfungen fordern einen hohen Zoll für Geist und Körper. Letzterer ist nach erlangter Reife und diverser Feierlichkeiten besonders geschwächt. Jetzt haben wir es also endgültig geschafft! Nein, falsch, er hat es geschafft, der Junior. Einen Sommerjob hat er, dann Interrail-Tour durch Europa, dann Zivildienst. Warum sollten wir ihn drängen? Er hat alle Zeit der Welt. Wir Alten haben sie nicht mehr. Vielleicht macht uns das manchmal so nervös.

Schwacher Trost

Meine Generation lebt ja anders, aber erzeugt wurde ich von zwei Menschen, die im Gasthaus gemeinsam eine Flasche alkoholfreies Bier bestellen und bei Weinverkostungen mit dem Fachurteil „Aber hallo, ist der stark" das Auslangen finden. Mittlerweile aber weisen Familie und Freundeskreis durchwegs recht ambitionierte ~~Trin~~ Weinkenner auf. Entsprechend zahlreich sind die Anlässe, bei denen mein Vater meinen Schwager zum Weinen bringt: Immer dann, wenn er im Keller ein vor Jahrzehnten bestattetes Fläschlein exhumiert, auf dem gern „Junker" oder „Nouveau" steht und dessen Inhalt nach langer, unsachgemäßer Lagerung unweigerlich riecht und schmeckt wie das, was man nach dem Urlaub aus dem Gemüsefach schabt, wenn der Kühlschrank dank Blitzschlags wochenlang außer Gefecht gesetzt war.

Man spottet über seine Altvordern ja gern. Bis man im eigenen Keller ein lange vergessenes Flaschenkontingent entdeckt. Uschka und Wowi haben mir einen Abend lang heldenhaft geholfen, sie aufzumachen – Motto: Was noch geht, trinken wir, der Rest wird weggeschüttet.

Was soll ich sagen: Schimmelnde Korken, trübe Brühen, wir blieben nüchtern und haben den Rasen vergiftet. Wenn der Vati das gesehen hätte, er hätte bitterlich geweint. Mein Schwager aber hätte sich möglicherweise getröstet, ja gerächt gefühlt.

Liegt im Wein tatsächlich Wahrheit?

Die drei Etappen

Ich bin ja nicht nur ein großer Mensch, sondern auch ein großzügiger Mann. Das ist nicht kokett, sondern, ganz nüchtern betrachtet, die reine Wahrheit.

Gerne bringe ich zum Beispiel der besten aller Ehefrauen Geschenke von meinen Reisen mit. Schmückendes etwa; das ziert mich als Gebenden und sie als Nehmende. Ich sage: „Da hätte ich eine kleine Aufmerksamkeit für dich." Sie sagt: „Mah, juhu, du bist der Größte." Und beide sind wir zufrieden.

Neuerdings merke ich, dass die Beste es fast noch lieber hat, wenn ich Flüssiges aus der Ferne anliefere. Sie trinkt ab und an einen Schluck Wein. Als sie unlängst hörte, dass mein nächster Ausflug in das Himalajagebiet führen wird, fragte sie ganz besorgt: „Echt wahr?" Nicht, weil es dort so gefährlich ist, sondern weil die Menschen dort eher wenig Wein anbauen.

Genießt die Gute dann genüsslich den edlen Tropfen (die letzte Lieferung kam aus Slowenien), vollzieht sich das Folgende in drei Etappen. Etappe 1: Glückseligkeit. Etappe 2: Melancholie. Etappe 3: Ehrlichkeit. Etappe 3 ist dann ehrlich gesagt weniger großartig, weil die ausgesprochene Wahrheit sich großzügig auf eine Person ergießt: mich. Und wenn Ingeborg Bachmann behauptet hat, dass die Wahrheit den Menschen zumutbar sei, hat sie die beste aller Ehefrauen nicht gekannt. Vom Himalaja werde ich Schmuck mitbringen.

Jaja, mhm, sicher

Als ich hereinkomme, sitzt meine Schwester an der Theke und packt ihren Lacher aus, ihren typischen, großen, bei dem Sonne, Mond und Sterne gleichzeitig aufgehen.

Es ist weit nach Mitternacht und sie hat mich in die Bar zitiert, weil ihr Auto leider in einer Tiefgarage steht, die um zehn Uhr abends sperrt. Deshalb muss sie heute Nacht in der Stadt bleiben, und zwar bei mir auf der Couch.

Die Gelegenheit ist fantastisch, endlich einmal die Vernunftschwester spielen zu dürfen: Erstens, was hast du Landei so spät noch in der Stadt gemacht; zweitens, wieso steht da ein Bier vor dir? Ich war bei einem Vortrag über Schmerztherapie, sagt sie, und bohrt mir ihre Finger in die Schulter (offensichtlich hat sie dort gelernt, wie man Schmerzen erzeugt). Und zweitens werde ich eh nicht mehr Auto fahren, höhö. Du, und heute soll im Theatercafé noch ein Late-Night-Jazzkonzert sein, oder du könntest mir die Postgarage zeigen, wenn ich schon da bin, oder? Merke: Das Gefährliche an den Landeiern ist, dass sie es immer gleich richtig wissen wollen, wenn man sie einmal in der Stadt auslässt.

Zum Glück ist meine Schwester meine Schwester: Ihr zweites Seidel ist noch halb voll, als sie vor Müdigkeit schon fast vom Sessel rutscht. Weißt du was, das mit der Postgarage machen wir nächstes Mal, sagt sie, und ich, jaja, mhm, sicher.

Was sind die schönsten Gemeinschaftserlebnisse?

Meine Hitliste

Ich habe zur Frage nach den schönsten Gemeinschaftserlebnissen eine kleine Liste erstellt. Alsdann:

Platz 1: Mit … ups, kann ich Ihnen jetzt leider nicht verraten, weil das Gemeinschaftserlebnis zwischen zwei Menschen stattfindet. So soll es bleiben.

Platz 2: Mit meinem alten Herren auf der Holzbank vor dem Elternhaus sitzen. Frag ich: Was gibt's Neues? Sagt er: Eigentlich nix. Frag ich: Und sonst? Sagt er: Eigentlich auch nix. Das sind schöne Gespräche, der Rest ist wunderbares Schweigen.

Platz 3: Mit dem Junior während der Euro ein Fußballspiel mitleiden. Ich hab Sportgummi im Mund, er hat Schaum vor dem Mund. Meine Experteneinwürfe kommentiert er mit scharfen Wortsalven. Aber nach dem Spiel ist vor dem Spiel, und wir haben einander wieder ganz lieb.

Platz 4: Mit unseren alten Freunden, der Familie P., grillen. Die Tische biegen sich mächtig, die Nächte strecken sich prächtig. Nur auf eine Gegeneinladung reagieren die P.s stets eigenartig zurückhaltend. „Die mögen halt keine verkohlten Schuhsohlen", gießt die beste aller Ehefrauen Öl ins Feuer.

Platz 5: Mit unseren afghanischen Nachbarn im Herat-Express zum Orientmarkt fahren. Ich spreche mit meinen Schwestern und Brüdern Farsi, sie sprechen mit mir Deutsch. Wir verstehen uns also blendend.

Platz 6: Mit mir unter der Linde sitzen. Frag ich: Geht's dir gut? Antworte ich: Danke der Nachfrage. Eigentlich schon.

Große Gefühle

Lächel, lächel, und tschüss

L etztens wollte ich Plektrons kaufen, bei dem großen On-
line-Musikalienversand, den mir mein Gitarrenlehrer emp-
fohlen hat. Was soll ich sagen: Suchergebnis 489 Stück, Plektrons ohne Ende, spitze und rundliche, harte und weiche, mit
aufgedruckten Nashörnern, Totenköpfen oder Beatles, man
weiß überhaupt nicht, welche man nehmen soll.

So ähnlich hat sich, glaube ich, Paul gefühlt, als er sich beim
Online-Dating angemeldet hat; Paul, der nach der Wunde, die
Sissy die Schnepfe ihm schlug, wieder Hoffnung geschöpft hat,
und der jetzt mit ganzer männlicher Beherrschung knapp nicht
ins Telefon weint, um viertel zwei Uhr früh. Weil er hat sich
gerade mit der elften der 116 Damen, die ihm das Datingser-
vice vorgeschlagen hat, getroffen, und die war auch nix. Bzw.
ist er immer nix, bisher hat ihm jede einzelne mitgeteilt, wie
nett sie eine Freundschaft mit ihm fände, mehr nicht, lächel,
lächel, und tschüss.

Nur weil ein Computerprogramm Persönlichkeitsprofile
vergleicht, wird die Partnersuche halt nicht einfacher; unter
Umständen ist man sogar frustrierter, weil man in kürzerer Zeit
mehr Abfuhren einsteckt. Und überhaupt, Paul, sage ich, du
musst jetzt nicht alle 116 abarbeiten. Ein großes Angebot heißt
noch nix, hab Geduld, bis eine erkennt, wie eigen- bzw. einzigartig du bist. Na gut, sagt er, aber den nächsten Termin hab ich
schon ausgemacht. So suchen wir beide weiter, Paul und ich.
Mit dem Plektron wird es auch schon dringend.

Was macht uns einzigartig?

Die Zeiten ändern sich

Wenn ich mir meinen Bergschratbart abschabe, ein Hemd ohne Kernölflecken anziehe und die Tränensäcke wegmassiere, bin ich ein ziemlich schönes Mannsbild. Sag nicht ich. Sagt die beste aller Ehefrauen. Ich sag dann immer:„ Warum bist du so nett? Was kann ich für dich tun?"

Man sagt, dass jeder Mensch irgendwo auf der Welt einen Doppelgänger habe. Das kann nicht sein, denke ich mir. Hat mir doch die Beste im Laufe unserer Ehe immer wieder Einzigartigkeit attestiert. Die Inhalte dieser Atteste haben sich freilich im Laufe der Jahre etwas geändert. „Du bist einzigartig. So einen sensiblen Mann wie dich gibt's nur einmal", lautete der Befund vor 20 Jahren. „Du bist einzigartig. So einen neurotischen Spinner wie dich gibt's nur einmal", lautet er heute.

Auch mein lieber Sohn hat mir immer wieder Einzigartigkeit bescheinigt. Aber auch seine Wahrnehmung hat sich im Laufe seines Heranwachsens etwas geändert. „Du bist einzigartig. So einen lieben Papa wie dich gibt's nur einmal", sagte er vor zehn Jahren. „Du bist einzigartig. So einen alten Brummbären wie dich gibt's nur einmal", sagt er heute.

Hm, seltsam. Vielleicht ist an der Sache mit der Zweitausgabe eines jeden Menschen doch etwas dran! Der sensible Mann und liebe Papa, das bin ich. Und der neurotische Spinner und alte Brummbär, das ist mein Doppelgänger. Anders kann es gar nicht sein.

*„Nichts ist schwerer zu ertragen als
eine Reihe von guten Tagen."*

Ferien mit Margarine

Wochenlang habe ich mir jetzt Leute ansehen müssen, die knackbraun aus dem Urlaub kommen, wahnsinnig erholt aussehen und glauben, sie könnten ihren frisch angezüchteten Frühstücksbuffetwanst unter hastig gekauften Urlaubsfetzen verstecken.

Korsika, Piran, Bretagne, Tauplitz: beachtlich, wie die Leute herumkommen, während ich im Büro klebe und klebe und klebe. Aber: Es hat sich ausgeklebt, jetzt geht's lohos! Zuerst einmal ins Pionierlager nach Kroatien, so genannt, weil es sich um die wahrscheinlich allerletzte Feriensiedlung originaljugoslawischer Ausrichtung handelt. (Margarine zum Frühstück, Grenadiermarsch zum Abendessen, der Bademeister gibt die Sonnenliegen nur unter Gewaltandrohung heraus, aber rundherum ist genau gar nichts, herrlich!) Dann auf die Britischen Inseln. Wenn ich sage: Ich fahr nach Wales, fragen alle: Wels? Was willst du bitte in Wels? Ich muss an meiner englischen Aussprache arbeiten, und wo ginge das besser als in Wels, äh, Wales.

Wels soll übrigens auch sehr schön und voller Sehenswürdigkeiten sein, sagt Wikipedia: Ledererturm, Herminenhof, Burg Wels. In der war übrigens eine Zeit lang eine Margarinefabrik untergebracht. Deren Restbestände brauchen sie, glaube ich, bis heute in meinem Pionierlager auf. Finde ich okay, so schaffe ich es wenigstens ohne Frühstücksbuffetwanst nach Wales. Dort essen sie, hoffe ich, Butter.

Wer ist hier urlaubsreif?

Gute und schlechte Tage

Ein altes Sprichwort lautet: „Nichts ist schwerer zu ertragen als eine Reihe von guten Tagen." Will heißen: Wenn es dem Menschen schlecht geht – geht's ihm schlecht. No na. Wenn es dem Menschen aber gut geht – geht's ihm auch schlecht, weil er nämlich hinter dem Guten sofort das Schlechte wittert. In diesem Sinne kommt großes Ungemach auf mich zu.

Den heurigen Urlaub verbringe ich in der Toskana. Das gebuchte Haus – 200 Quadratmeter – liegt mitten in den Weinbergen der Chianti-Gegend, der Pool ist von Olivenbäumen umgeben, Florenz und Siena sind einen Steinwurf entfernt. Die Familie, mit der wir das paradiesische Domizil bewohnen, kennen und schätzen wir seit einer Ewigkeit. Zwei Wochen Dolce Vita. Gutes Essen, gutes Trinken, wunderschöne Landschaft, viel Kultur, viele Bücher, viele liebe Menschen.

Hilfe, holt mich hier raus! Wahrscheinlich liegt das Haus auf einem erloschenen Vulkan, der jederzeit aktiv werden kann. Wahrscheinlich sind die Olivenbäume von Pestiziden verseucht. Wahrscheinlich ist im Pool schon jemand ertrunken. Wahrscheinlich sind die Straßen nach Florenz und Siena verschüttet. Wahrscheinlich kredenzen sie in Italien nur noch Fast Food und warmes Mineralwasser. Wahrscheinlich sind unsere Mitreisenden gefährliche Psychopathen. Wahrscheinlich sollte ich zu Hause bleiben und die schlechten Tage genießen.

Zu spät dran
mit dem Wichtigsten

Vor dem Abschied war noch etliches zu erledigen: Noch
einmal mit Schokolade über die Stränge schlagen (und
zweimal mit Sauvignon). Noch einmal auf ein Steak ins Brot
& Spiele. Noch einmal gemeinsam vor dem Fernseher versum-
pern. Noch einmal gemeinsam in der Karaokebar die Hütte
leersingen. Hätten wir ganz gut hingekriegt, Dörtchen und ich.
Sie hat die letzten Tage bei mir gewohnt, gestern ist sie dann
nach Amerika abgeflogen, für mindestens ein Jahr. Schnüff.

Wir waren einmal eine WG, wir beide. Für Dörtchen war
das eine Prüfung, zum Beispiel in Pünktlichkeits- und Zusam-
menräumfragen. Das weiß ich aus sicherer Quelle, nämlich
von ihr selbst, weil sie mich in typisch preußischer Direktheit
oft und gern davon in Kenntnis setzte. Aber weder die welken
Socken, die mir einmal unbemerkt in ihre Handtasche fielen,
erwiesen sich als echtes Krisenmaterial, noch ihre manchmal
in gefühltem Halbstundentakt erhobene Forderung, ich sei jetzt
mal mit Müll dran (sie konnte das tagelang durchziehen; ich
aber auch). Und unserer Freundschaft war es auch egal, dass
ich ihre Stadt bald hinter mir ließ.

Aber 200 Kilometer sind halt leichter zu überbrücken als
8000, und Amerika soll ja nicht so unaufregend sein. Wer zurückbleibt, hat immer Angst, dass man ihn vergisst. Hätte ich
nur, denke ich mir jetzt, ein Paar Andenkensocken in ihrem
Handgepäck hinterlegt. Aber das Wichtigste fällt einem immer
erst zu spät ein.

Wann ist Schluss mit Freundschaft?

Viereinhalb Finger

Die Anzahl meiner Freunde kann ich an einer Hand abzählen. Es sind genau viereinhalb. Deshalb, weil mir seit einem Unfall im zarten Kindesalter an der rechten Hand ein halber Finger fehlt. So, jetzt wissen Sie das auch. Die Sache mit dem Finger, meine ich.

Die Sache mit den Freunden ist komplizierter. Wer die vier ganzen Finger bzw. Freunde sind, steht außer Zweifel. Sie haben es bereits Jahrzehnte mit mir ausgehalten, ließen sich durch nichts und niemanden abschütteln und sind deshalb fest mit mir verwachsen. Der halbe Finger ist es, der mir Kopfzerbrechen bereitet. Nennen wir ihn Max. Ich kenne Max seit der Volksschule und habe ihn dort sehr geschätzt, weil er so unglaublich gutmütig war, sich immer von mir verklopfen zu lassen. Als Max dann eines Tages ganz überraschend zurückschlug, war das der erste Bruch in unserer eigenartigen Freundschaft. Max ging. Und kam wieder. Und ging wieder. Max wurde zum Erwachsenen, der so anstrengend war, dass er selbst mich um Längen schlug. Und zwei schräge Vögel auf einer Hochspannungsleitung, da fliegen die Funken, glauben Sie mir.

In letzter Zeit sehe ich Max fast regelmäßig. An guten Tagen halte ich ihn sogar länger als eine Stunde aus. Wir lachen miteinander, wir reden über die Vergangenheit. Das zeigt, dass wir alt werden. Und ich glaube fast, dass ich für Max bald einen ganzen Finger meiner linken Hand brauchen werde.

Daumen in fremden
Hosenbünden

Sommer ist's, die Bushaltestellen sind voller Vierzehnjäh-
riger, die versuchen, sich gegenseitig die Zunge aus dem
Schlund zu saugen. Junge Liebe zeigt sich halt gern, auch in
der Übungsphase. Auch sonst sieht man in der Stadt derzeit
viele gehaltene Händchen, umschlungene Taillen und, besonders anmutig, im Hosenbund des Visavis verhakte Daumen.
Komisch, man ist dann gleich versucht, zu applaudieren. Erstens, weil man sich freut, zweitens, weil langjährige Beziehungen immer exotischer werden.

Frisch geschiedene Männer, sagt Petra, erkennt man an
der Supermarktkassa: an den Knackern, die sie immer kaufen.
Stimmt. Außerdem kaufen sie immer Dosenbier, Dosenpfirsi-
che, eingeschweißten Bergkäse (überhaupt viel Eingeschweiß-
tes), Tiefkühlpizza, Netzsemmeln und Fernsehzeitschriften.
Nachher gehen sie noch zum Kiosk gegenüber und nehmen
sich ein Grillhendl mit nach Hause. Pommes dazu. Bei dieser Ernährung ist es kein Wunder, dass die männliche Lebens-
erwartung in stabilen Partnerschaften steigt. Einzelne Frauen
kaufen übrigens immer Joghurt, Tiefkühlpaella und Prosecco.

Mich wundert, dass an Supermarktkassen nicht mehr ange-
bandelt wird. Wo man die Singles doch eh sofort erkennt. Eine
Supermarktbar mit Grillhendln und Prosecco: ein aufgelegter
Schlager. Man bestellt sich was, kommt ins Gespräch, schon
heißt es: Daumen in den Hosenbund und ab ins Glück. Da
täten die Vierzehnjährigen schön schauen!

Hält die Liebe die Zeit an?

Die Karin, der Fredl und ich

Karin war ein sehr entzückendes, sehr offenherziges Mädchen. Während ich noch den Dr. Sommer im „Bravo" gelesen habe, hat sie die meisten Dinge, vor denen Dr. Sommer eindringlich gewarnt hat, schon praktiziert.

Trotz dieses sexuellen Niveauunterschiedes wollte es der Zufall, dass Karin das erste weibliche Wesen war, das ich geküsst habe. Und ich meine, wirklich „geküsst"! Mit allem Drum und Dran. Mit … , Sie wissen schon. Nach diesem Erweckungserlebnis stand die Zeit still. Und als sie wieder weiterging, die Zeit, gestand ich Karin atemlos meine Liebe. Karin hat daraufhin ganz herzlich gelacht, so etwas wie „lieber Bub" geflüstert und mir dann ihrerseits gestanden, dass sie „fest" mit dem Fredl „gehen" würde.

Jetzt hätte ich damals gerne gesagt: „Karin, du kannst gehen mit wem und wohin du willst, wenn ich nur an deiner Seite bleiben darf." Hab ich aber nicht gesagt, weil nämlich, als ich den Namen Fredl gehört habe, die Zeit ein zweites Mal stehen geblieben ist. Der Fredl, müssen Sie wissen, bildete gemeinsam mit seinen Brüdern, dem Hannes und dem Georg, das gefürchtete „Gnackwatschn-Trio", wobei der Fredl einmal so fest gnackgewatscht hat, dass er dafür „sitzen" ging. Als sie wieder weiterging, die Zeit, gestand ich der Karin, dass ich es ziemlich eilig habe. Daheim dann wollte ich von Dr. Sommer wissen, ob es sehr schmerzhaft sei, mit eingeschlagenen Zähnen zu küssen. Antwort habe ich nie eine bekommen.

„Den Mäusen aus unserem Komposthaufen habe ich sicheres Geleit zugesichert."

Tausendmal besser

Wieder was gelernt: Ein Strafmandat ist in Wien um drei Euro billiger, auch wenn man um 3 km/h schneller unterwegs ist als in Niederösterreich. Eine Autobahnfahrt, zwei Zettel. Man sollte mir echt keinen fetten Volvo in die Hand drücken.

Man soll mir derzeit überhaupt nicht blöd kommen. Ich sehe mich da in guter Gesellschaft: Sozialabbau, Bettelverbot, versemmelte Bildungsreform, rund um mich tragen gereizte Menschen ihren Zorn auf die Straße. Dabei sind wir ja sonst nicht so. Rudelsudern über schleißige politische Entscheidungen, das können wir schon immer, man ist da ja auch hübsch unter sich.

Ansonsten haben sich bisher in meiner Altersgruppe die meisten an die Lebensweisheiten aus dem „Pinocchio"-Soundtrack gehalten: Die Welt ist groß und du bist klein. Hilft eh alles nix. Möglicherweise werden wir etwas älteren Kinder jetzt aber doch noch erwachsen. Tschüss Pinocchio, wir halten uns jetzt an Stéphane Hessel: „Gleichgültigkeit ist die schlimmste Einstellung" hat er in seinem Essay „Empört Euch!" geschrieben, und: „Schaut Euch um, dann werdet ihr die Themen finden, die eure Empörung rechtfertigen." Und siehe da: Nach Jahren gehe ich wieder demonstrieren, unglaublich, wie viele alte Bekannte man da trifft. Demokratische Betätigung: Man kommt an die frische Luft, man bewegt vielleicht was, man wird Wut los. Tausendmal besser, als sich über Strafmandate aufzuregen, an denen man ganz allein selber schuld ist.

Muss man sich empören?

Nix Gelassenheit, nix Nirwana

Der Stapel an buddhistischer Literatur auf meinem fernöstlichen Altar, den ich mir im Schlafzimmer eingerichtet habe, wird immer höher. Allein, die Erleuchtung, die mir versprochen oder zumindest in Aussicht gestellt wurde, will sich nicht einstellen. Jetzt frage ich mich langsam: Bitteschön, was ist denn da los? Bin ich nicht würdig? Bin ich zu dumm – oder zu ungeduldig? Oder sollte ich nur den Buchhändler wechseln?

Dass man keinem Lebewesen – weder Mensch, Tier noch Pflanze – Schaden zufügt, damit habe ich nicht das geringste Problem. Meine kriminelle Energie Artgenossen gegenüber hält sich in Grenzen; den Mäusen aus unserem Komposthaufen habe ich sicheres Geleit zugesichert, und dem üppig wuchernden Philodendron in meiner Redaktionsstube hauche ich täglich zu: „Ich habe dich ganz viel lieb!"

Woran ich hingegen noch mächtig arbeiten muss, ist die leidige Sache mit der Gelassenheit. Denn wer im Diesseits nicht gelassen ist, wird nie und nimmer ins Nirwana gelassen. Und nix Nirwana, heißt ewiges Herumgondeln in der Umlaufbahn der Wiedergeburten. So schaut's nämlich aus!

Ein 14-jähriger Sohn, der gerade in den Kokon der Pubertät schlüpft, ist auf dem Weg zur Erleuchtung seines alten Herren eine ziemlich harte Nuss. Aber vielleicht ist es ja auch bei Buddha so: Wen er liebt, den prüft er. Oooommm.

*„Der neue Mann hätte stets ein frisch
geschmiertes Marmeladebrot
im Ärmel.“*

Neues Lied im Konjunktiv

Der neue Mann hätte mir um diese Zeit schon die Reifen umgesteckt. Er röche nicht nach Knoblauch und Zigaretten, sondern nach Veilchen und Basilikum, oder wenigstens nach Grey Vetiver von Tom Ford. Er trüge den Müll raus und mich auf Händen und wäre sich darüber im Klaren, dass es sich dabei um zwei vollkommen unterschiedliche Tätigkeiten handelt.

Der neue Mann hätte keinen Morgengrant, sondern stets ein frisch geschmiertes Marmeladebrot im Ärmel (oder sonst wo). Und er hätte stets ein offenes Ohr für meine Bürosorgen, ein waches Auge für den Sitz meiner neuen Jeans und einen erwartungsfroh gewässerten Gaumen, wenn ich an ihm ein neues Rezept für vietnamesischen Leberauflauf erprobe. Natürlich stünde er im Gasthaus zu meiner Begrüßung auf, statt von den anderen am Tisch die Wetteinsätze zu kassieren, weil er meine Unpünktlichkeit so präzise voraussagen kann wie kein anderer, und wenn ich ein klein wenig angedüdelt bin, brächte er mich treusorgend und vor allem kommentarlos nach Hause und kraulte mich sanft in den Schlaf.

Der neue Mann überließe mir auch die Lufthoheit über der Fernbedienung und Platz auf der Couch, er redete nicht zurück, wäre charmant, furchtlos im Umgang mit kaputten Glühbirnen, familienfreundlich, anständig angezogen, aufmerksam, immer frisch gewaschen und auch ansonsten perfekt.

Andererseits: Wie soll man so einen bekeifen? Besser ich bleibe bei meinem Alten.

Wie hätten wir den Mann gerne?

Ein Mann wie im Film

Während ich gerade heftig darüber nachdenke, wie er denn wohl diesmal sein soll/muss/kann/darf bzw. nicht sein soll/muss/kann/darf, der neue Mann und wie er sich vom neuen Mann vergangener Jahre unterscheidet, denke ich mir: Verdammt, wir denken zu viel und leben zu wenig! Und dann denke ich mir weiter: Diesmal, Leute, werde ich dieses bescheuerte Spiel nicht mitmachen. Diesmal werde ich mich nicht verrenken, um einem Typus zu entsprechen, der in spätestens fünf Jahren hoffnungslos „has been" ist. Diesmal, meine Lieben, werde ich einfach so bleiben, wie ich bin. Nämlich:

Am Montag stark wie John Wayne, der nach gewonnener Schlacht in den Sonnenuntergang reitet.

Am Dienstag bin ich ein gequälter Woody Allen, der seine Neu-Rosen liebevoll hegt und pflegt.

Am Mittwoch dann schlägt der charmante Lausbub in mir durch und ich fühle mich wie Hugh Grant.

Der Donnerstag gehört dem grandiosen Grantler und Zyniker in mir. Ihr müsst mich mit „Dr. House" ansprechen.

Am Freitag bitte geht behutsam mit mir um, da fühle ich mich verletzlich wie Johnny Depp.

Am Samstag könnt ihr wieder mit mir blödeln, das ist mein Will-Smith-Tag.

Und am Sonntag stehe ich in voller Pracht vor euch, bin verständnisvoller Vater, charakterstarker Sohn und alle Mühen aller Frauen dieser Welt verstehender Ehemann. Mein Name sei Washington, Denzel Washington.

„Das Ärgste ist, anderen Leuten in
ihre gute Laune zu husten."

Stimmungsschnupfen

Kleine, dicke, rabenschwarze Wolken sieht man sonst nur über den Köpfen düster gestimmter Comicfiguren schweben. Ich habe grad auch eine. Sie folgt mir auf Schritt und Tritt, sorgt verlässlich für Dauerschatten und färbt die Welt schlechtwettergrau. Dabei wäre selbige, jenseits von mir, bereits wieder ziemlich bunt. Ein noch ganz ungeübter junger Frühling patzt mit Fingerfarben in Krokusblau und Himmelschlüsselgelb in der Wiese herum, und unter dem Apfelbaum haben sich schon die ersten Veilchen herausgetraut. Die sollen mich in Ruhe lassen, und der Rest der Welt sowieso.

Schön wäre es, ein Dackel, Pinscher, Mops zu sein, da könnte man wahllos nach Waden schnappen; so heißt es dann doch: Zivilisiert bleiben, mehr als ein bisschen Knurren gilt nicht. Schwierige Selbstbeschränkung unter einer kleinen, dicken, rabenschwarzen Wolke.

Hab ich sonst eigentlich nie: Stimmungsschnupfen. Derzeit ist er aber grad recht heftig, und das Ärgste daran ist, dass man ständig anderen Leuten in ihre gute Laune hustet. Die sind aber andererseits das Einzige, was gegen miese Stimmung hilft. Alleinzeit (die Couch und ich haben's ausprobiert) sorgt nur dafür, dass sich die kleine, dicke, rabenschwarze Wolke unter dem Plafond verhängt. Doch kaum geht man unter Leute, verfärbt sie sich in Richtung Veilchenviolett. Schon besser!

Was bringt uns zum Erblühen?

Frühlingsschlaf

So habe ich mir das mit dem Frühling eigentlich nicht vorgestellt. Erhofft hatte ich mir, dass etwas erwacht, erblüht, erstarkt; dass es in mir alter Saftflasche wieder gewaltig zu brodeln beginnt, dass die Lebensgeister Purzelbäume schlagen und sich meine Sinne so schärfen, dass ich das frische Gras wachsen höre. Die Hoffnung stirbt ja bekanntlich zuletzt, aber irgendwann geht es auch ihr an den Kragen.

Zum Beispiel: jetzt. Ich glaube, diese hymnisch bejubelte Sache mit dem Frühlingserwachen ist ein großer Schwindel. Oder aber Herr Lenz hat eine Rechnung mit mir offen und heuer beschlossen: „Du nicht, Melichar, dir jage ich statt Testosteron Schlafmittel durch den Kadaver."

Das hat er dann auch getan. Ich bin weder erwacht noch erblüht noch erstarkt. In der Früh fluche ich mit dem Wecker, tagsüber mit meinen Kollegen, abends mit der besten aller Ehefrauen und dem Junior. Ich bin nämlich so müde und schlaff, dass ich meinen gewaltigen Grant kaum schleppen kann. Außerdem tun mir alle Knochen weh und der Spiegel zeigt mir jeden Tag einen hässlichen Fremden mit grauem Haar, und überhaupt ist die Welt ungerecht und niemand liebt mich, vor allem der Frühling nicht. „Beiß dir doch selbst …", empfiehlt die Beste. Wie denn? Ich kann mich ja kaum rühren!

„Der Strand voll dicker Frauen – das tut gut!"

Worin sich zu investieren lohnt

Nach drei Tagen trägen Umherblinzelns fällt mir auf, dass der Strand voll dicker Frauen ist. Das tut gut. Vor dem Urlaub war ich noch in der Buchhandlung. Einmal falsch abgebogen, schon hat mich die Abteilung für weibliche Selbstoptimierungsliteratur eingesaugt. Deren schiere Menge ist bestürzend. Mit dem Hintern fängt es an. Der ist bekanntlich immer zu groß, also gibt es Ratgeber, die verraten, wie es in 40 Schritten garantiert zur Bikinifigur geht und Ratgeber, die einmahnen, das eigene Moppel-Ich zu mögen. Nebenher müssen Frauen lernen, nicht zu sehr zu lieben, Freundinnen fürs Leben zu gewinnen, Spiegelneuronen zu entziffern und den Chef „von unten" zu führen.

Lernen lässt sich nämlich alles: Ernährung, Fitness, Erziehung, Liebe, Karriere, Freundschaft, Glück. Ein Wunder, dass sich Frauen noch ohne Anleitung atmen trauen.

Ich weiß schon, dass Ratgeber auch was können. Aber ihre Vielzahl erzählt auch von der Vielzahl jener, die sich nicht mehr zutrauen, selbst noch irgendetwas richtig zu machen. Unvollkommenheit: der weibliche Einsermythos.

Da lobe ich mir meine dicken Frauen vom Strand. Dreimal täglich Schokopudding am Hotelbuffet, dazu ausgiebig Sonne. Auch so lernt man Selbstbewusstsein in sieben Tagen. Alternativ böte sich zu diesem Zweck auch Ros Taylors gleichnamiger Ratgeber (mvg Verlag, 9,20 Euro) an. Ich persönlich finde diese Summe in Schokopudding besser investiert.

Muss man immer an sich arbeiten?

Body&Soul

Mitten in der Toskana gibt's kein Meer. Und das ist gut so. Ich gebe es ungern zu, aber ich bin derzeit nicht wirklich in Topform. Nicht dass ich das jemals gewesen wäre, aber so weit davon entfernt wie jetzt war ich noch nie. Deshalb ist es gut, dass es hier keine Strandpromenade gibt, auf der ich meinen müden, unförmigen Body ausführen muss.

Einen Pool, den gibt es schon. Aber die meisten Menschen, die hier faul herumliegen und sich im Olivenkerneweitspucken üben, haben den Zenit ihrer Ansehnlichkeit auch schon überschritten. Und den drei jungen Ungustln, die unverschämt ihre faltenlosen und fettfreien Körper zur Schau stellen, denen rufe ich zu: „Ihr werdet auch noch aus dem Leim gehen, so schnell könnt ihr gar nicht schauen!"

Mein Body ist also voll im A.... Bleibt nur noch die Soul, die ich hegen und pflegen kann. Das Buch, das mich in diesem Urlaub am meisten beschäftigt, trägt den Titel „Nach der Erleuchtung Kartoffel schälen."

Klingt eigenartig. Ist es auch. Die These lautet: Auch wenn man nach langer Suche seinen spirituellen Weg findet und endlich zur Erleuchtung gelangt, bleiben einem danach die Mühen und Niederungen des Alltags nicht erspart. Wozu dann, bitteschön, der verdammte Aufwand? Gibt es ein Bildnis Buddhas, auf dem er Kartoffeln schält? Na eben! So ein Schmarrn. Neue Disziplin: Lebensratgeberweitwerfen. Macht mehr Spaß als Kartoffel schälen.

„Man sieht erst klarer, wenn man Abstand nimmt."

Unter Beobachtung

Mit heute sind es dann 79 Tage ohne Zigaretten. In Amerika war es mir zu mühsam, danach dachte ich, jetzt fängst du aber auch nicht wieder mit dem Blödsinn an. Es war erstaunlich leicht. Es wäre mir allerdings unangenehm, als Beispiel dafür dienen zu sollen, dass rigorose Verbote wirken; also sagen wir, Amerika war der Anlass für ein Willensexperiment mit erfreulichem Ergebnis.

Zwei Dinge sind komisch: Ich kann im Nachhinein nicht sagen, warum ich so lange geraucht habe. Mehr aus Gewohnheit als aus Sucht, fürchte ich, was wohl der dümmste Grund ist. Die zweite Sache ist komplizierter: Wie die meisten Raucher habe ich über die Folgen des Genebels möglichst nie nachgedacht. Seit ich nicht mehr rauche, fürchte ich mich vor Lungenemphysem, Herzinfarkt und Krebs. Deswegen glaube ich, dass die grauslichen Krankheitsbilder, die auf Zigarettenschachteln prangen, nicht wirken: Raucher glauben immer, dass es sie nicht trifft.

Man sieht erst klarer, wenn man Abstand nimmt; auch die Selbstbelügung, zu der Raucher imstande sind: Menschen, die nur im Büro rauchen, damit die Ehefrau nichts merkt. Die nur Geschnorrtes tschicken, weil erst Selbstgekauftes zum Raucher macht. Oder die nach 79 Tagen mit ihrer Nichtraucherei angeben. Vor allem Letztere wird man unter Beobachtung halten müssen.

Wofür sind wir besonders dankbar?

Ich bin gerührt!

Keine Ahnung, ob das etwas mit dem Alter zu tun hat (50-plus-Sentimentalität?) oder mit dem Wetter (Gefühls-zuckerguss im grauen Einerlei?), jedenfalls bin ich in letzter Zeit häufig heftig gerührt. Das geht manchmal so weit, dass es mir aus nichtigem Anlass die Tränen waagrecht aus den Drü-sen drückt; fast beschämt wende ich mich dann von meiner Mit- und Umwelt ab, ziehe mich in ein ruhiges Eck zurück und schimpf mit mir: „Mann, reiß dich zusammen!"

Kürzlich war es wieder so weit. Um nicht die Bodenhaftung zu verlieren, ist es dienlich, sich ab und zu dort herumzutrei-ben, wo der sogenannte Bodensatz der Gesellschaft verkehrt. Ein hässliches Wort für wunderschön verwitterte Menschen, die sich dem Mahlstrom des Mainstreams entziehen.

Folgendes habe ich gesehen: einen psychisch offensicht-lich schwer maroden Mann, daneben sein Sohn, geschätzte 13 Jahre alt. Der Mann sprach viel und laut, vor allem Unsinn. Der Sohn hörte geduldig zu. Am Ende des Gespräches, das keines war, stand der Sohn auf, stellte sich vor seinen Vater hin und drückte ihm einen Abschiedskuss auf die Wange: „Ich liebe dich, Papa", hat er leise gesagt. Und ist gegangen. Ich bin dankbar, dass ich das beobachten durfte. Das war Liebe in reinster Form. Und für meine Tränen, für die schäme ich mich überhaupt nicht.

„Wenn ich den Staub wegblase,
ist mein alter Sack blau!"

Ich und mein Alter

Da ist er ja, mein Alter. Schon lange nicht gesehen; gut sieht er aus. Wir haben lange nichts mehr miteinander unternommen, aber vor Jahren waren wir querweltein viel miteinander unterwegs.

Nordafrika, Asien, Südamerika. In Peru hat er mir einmal einen schönen Schrecken eingejagt, als er vom Zug fiel; außer ein paar Kratzern ist ihm aber nichts passiert, Gott sei Dank. In Buenos Aires haben wir dann auf dem Flughafen unter einer Treppe geschlafen und ich habe mich die ganze Nacht an ihn geklammert aus Sorge, sonst passiert was.

Er hat viel mit mir mitgemacht, meine miese Laune in der Hitze Bangkoks, meine noch deutlich miesere Laune im Sandsturm vor Dahab. Wir waren ein gutes Team, ein lustiges Paar; oft haben die Leute gelacht, wenn sie uns daherkommen sahen: ich rund und klein gewachsen, er, nicht weniger rundlich, der mich meist einen Kopf hoch überragte.

Mein alter Rucksack und ich. Seit Jahren liegt er halb vergessen im Kasten, nach und nach hat sich meine Reiserei verändert, seit ich nicht mehr mit Bus, Daumen, Sammeltaxi unterwegs bin, ist der Rollkoffer mein neuer Gefährte.

Jetzt aber geht's endlich wieder einmal ab ins Gelände. Da muss der Rucksack mit; und ich schwör's, der Alte sieht richtig fröhlich aus.

Ich und mein Alter II

So einen alten Sack habe ich auch, Ute. Meiner liegt auf dem elterlichen Dachboden, wo man bekanntlich alles entsorgt. Sich selbst, seine sabbernde Kindheit, seine kotzende Jugend, den Ballast eben, auf den man lieber nicht mehr angesprochen werden möchte. Die Eltern sind dann meist sehr gnädig, räumen alles weg, tun dicke Tücher drüber über die Vergangenheit und sagen: Reden wir nicht mehr davon!

Wenn ich den Staub wegblase, ist mein alter Sack blau. Ich glaube, anno dazumal nannte man das Tramperrucksack. Oben ein kleiner Stauraum für möglichst wenig Kleidung, unten eine Halterung für das Zelt, das wir dann nie aufbauen konnten, weil wir so beschäftigt waren. Oder blau.

Jetzt, auf dem Dachboden des Grauens, entdecke ich viele „Aufnäher" auf diesem alten Sack. Stadtbilder- und -wappen, die von damals fernen Zielen zeugen. Habe ich schon gesagt, dass der alte, blaue Rucksack seit ungefähr 40 Jahren dort oben dahingammelt? Ein Aufnäher zeigt Paris. Darauf möchte ich jetzt nicht näher eingehen, es könnte nachhaltig meinen Ruf schädigen. Eine andere festgenähte Erinnerung zeigt Amsterdam; Schall & Rauch auch das; vergeben und vergessen und in dicke Dachbodentücher gehüllt.

Aber, schau: ein Wappen von den schottischen Highlands auf dem alten Rucksack. Das wollte ich Ihnen noch sagen: Ich war schon immer ein lieber Naturbursche!

„Ich bin's, das Kind in dir!"

Meist heißt man nicht Ida Innitzer

Manchmal bin ich ganz froh, kein Kind mehr zu sein: Jeden Tag fällt Mathe aus, fernsehen darf ich ohne Limit, und wenn es geschneit hat, erwartet kein Mensch von mir, dass ich sofort entzückt in den Garten renne und einen Schneemann baue, ich kann genauso gut auf der Couch liegen bleiben und noch ein paar Schwedenbomben essen.

Obwohl, nicht alles am Schnee ist schlecht. Erstens: Die Landschaft wird so schön weich und leise. Zweitens erinnere ich mich gern an all die Rodelrennen, die ich seinerzeit gewonnen habe. Und zwar, weil meine Rodel den siegträchtigen Markennamen „Donner" trug (und überhaupt nicht, weil ich das schwerste Kind war).

Besser als Rodeln war eigentlich nur, dem Nachbarn die leeren Plastik-Düngersäcke aus dem Stadel zu stibitzen und sich darauf bäuchlings den Obsthang hinunterzuschmeißen, woraufhin man beim Nachhausekommen erst einmal ausgewrungen werden musste, bevor man in die Badewanne durfte.

Das mit den Düngersäcken hatte man übrigens den großen Buben von nebenan abgeschaut, die darauf deutlich besser ausbalanciert bergab rasten und auch sonst tolle Dinge konnten, zum Beispiel ihre Initialen in den Schnee pinkeln. Was man natürlich nachgemacht hat, auch wenn es als Mädchen, unter uns gesagt, so gut wie unmöglich ist, es sei denn, man heißt Ida Innitzer. Meistens heißt man aber nicht so, und so bleibt eine gewisse Experimentierfreude halt manchmal einfach unbelohnt.

Wie geht es dem Kind in uns?

Das kleine Phantom

„Wie geht's dir so, Alter?" – „Wer spricht?"
„Ich bin's, das Kind in dir!" – „Hey, Kleiner, dich gibt's
auch noch?"
„Ich war nie weg, Großer!" – „Aber versteckt hast du dich
schon gut."
„Hast du mich denn gesucht?" – „Immer wieder."
„Aber?" – „Nichts aber. Wenn man groß ist, bleibt einem nicht
mehr so viel Zeit, um ein kleines Phantom zu suchen."
„Ich bin klein, aber kein Phantom!" – „Egal. Was willst du?"
„Mit dir spielen. Mit dir einen Schneemann bauen. Mit
dir Eiszapfen lutschen. Mit dir durch die wunderschöne
Winterlandschaft stapfen." – „Sorry, geht leider nicht."
„Weil?" – „Weil Augenentzündung und Kreuzschmerzen."
„Es ist ein Kreuz mit dir." – „Haha."
„Lachen tust du übrigens auch immer seltener." – „Kleiner,
worüber sollte ich denn lachen?"
„Zum Beispiel über die Schneemänner, die wir gebaut haben."
– „Ja, früher."
„Dieses Wort verwendest du gerne, nicht wahr?" – „Ja, weil
früher alles einfacher und leichter war."
„Schmarrn! Steh auf, geh raus, bau einen Schneemann!" – „Aber
mein Kreuz!"
„Tut nicht mehr weh." – „Echt nicht?"
„Hab ich dich schon jemals enttäuscht?"

Der Glanz junger Liebe

Jetzt ist es fast drei Monate her, dass der Begriff Nasenarbeit in mein Leben getreten ist; diese Erweiterung meines Vokabulars verdanke ich Harry dem Hund. Der hat vor drei Monaten die Wohnung von Sandra und Reinhard übernommen: Decke auf dem Sofa, Gummiente unterm Esstisch, und ihre Schuhe stellen sie neuerdings alle vor der Haustür ab, weil Harry der Hund eine Neigung zu Mitternachtssnacks der Marken Adidas, Clarks & Co. entwickelt hat.

Nasenarbeit bezeichnet die Fähigkeit bestimmter Hunderassen, im Gelände der Geruchsspur gejagter Tiere zu folgen. Harry der Hund wird zwar nie auf die Jagd gehen, übt aber fleißig und folgt in der Küche konsequent der Geruchsspur entblößten Käses. Auch sonst ist er eine coole Sau, zu Silvester z. B. waren alle sehr um ihn besorgt, weil Haustiere bei der Knallerei bekanntlich ausflippen; er hat die Raketenphase heldenhaft verschlafen. Gelungener Hund; am süßesten aber sind Sandra und Reinhard, beide mit dem Glanz junger Liebe in den Augen und Gigabytes von Hunde-Selfies auf dem Handy.

Einziger Wermutstropfen: Den Schuhentzug hat Harry der Hund mit einer Vorliebe für Katzenkacke kompensiert. Kannst dir vorstellen, was für ein Vergnügen es ist, dem Vieh das bei jedem Spaziergang aus dem Maul zu klauben, sagt Reinhard. Nasenarbeit: ein Spaß für die ganze Familie.

Brauchen wir Helden?

David, Roger und so

Und jetzt ist er also tot, Bowie. Gerne würde ich jetzt schreiben, dass er der erste Held meiner musikalischen Sozialisation war. Gerne würde ich jetzt behaupten, dass ich mir den Ziggy-Blitz auf das Gesicht gepinselt habe und auf Plateauschuhen durch den Mief der Elternwelt gestiefelt bin. Gerne würde ich sagen: Ich hatte keine „Ground Control", ich war als Jüngling jenseits von Gut und Böse, und außerdem habe ich „Das Kapital" gelesen und die Blumen des Bösen sind in mir aufgeblüht und der Che ist als Poster an der Wand meiner pubertären Bude gehangen und überhaupt und sowieso war ich ein Held des Aufstandes gegen Gott und die Welt.

Und überhaupt und sowieso ist das leider überhaupt nicht wahr, weil, bitte ja nicht weitersagen, mein erstes Konzert war, ach, Roger Whittaker. Der Herr mit dem grau melierten Mundflaum hat mir sogar ein Autogramm gegeben; ich habe es, ach, heute noch in Verwahrung. Ich bin dann aber in Sachen musikalischer Sozialisation rasch aufgestiegen. Beim zweiten Live-Erlebnis habe ich ungehemmt einer damals recht erfolgreichen Boygroup zugekreischt. Der eine Bube hieß Waterloo, der andere Robinson. Ja, Sie haben es erraten, den Schriftzug der Boys habe ich ebenfalls noch immer in Verwahrung. Wahres Heldentum besteht darin, zu seinen Taten zu stehen.

Lieblingsmensch

„Eigentlich sollten wir nicht über
unsere Niederlagen grübeln,
sondern über unsere Siege."

Laptop trifft Essiggurke

Scheitern hängt bekanntlich mit Selbstüberschätzung zusammen. Den Laptop auf den Knien zu balancieren, in der Linken ein Glas zu halten und mit der Rechten in der Fernsehzeitung zu blättern ist so ein Akt der Selbstüberschätzung, und er endet selbstverständlich damit, dass mein Computer auf den Boden knallt, und auf seinem Weg nach unten versenke ich noch ein Achterl Wasser in der Tastatur. Dann ist erst einmal Feierabend, aber nicht für mich, ich stehe spätabends im Bad und föhne technisches Gerät. Es gibt elegantere Tätigkeiten.

Nach zwei Tagen auf dem Heizkörper geht es dann wieder, mein Kübelchen, aber für mich ist die Sache noch nicht überstanden, weil natürlich dem Herzbuben die Geschehnisse nicht entgangen sind, und jetzt fühlt er sich bestätigt in seiner Ansicht, dass man mich per Weisung von Computern fernhalten sollte, weil ich eine potenzielle Gefährdung für sie darstelle, beim Internetsurfen z. B. jausne, Kaffee saufe, selbst angerührte Avocadomasken auftrage, und das alles schickt sich nicht im Umgang mit hochempfindlicher Technologie.

Seinen Computer darf ich daher nur unter seiner persönlichen Aufsicht benutzen. „Was glaubst du?", frage ich, „dass ich dir heimlich in die Tastatur spucke?". Er sagt darauf nichts, aber sein Blick ist beredt genug. Vielleicht ist ihm das halbe Essiggurkerl auf dem Trackpad wieder eingefallen. Oder die Sache mit dem Post-it im DVD-Schacht. Darauf stand: Mutti anrufen. Das mach ich jetzt gleich einmal.

Wie gehen wir mit Niederlagen um?

Übung macht den Meister

Draußen zieht der Nebel am Büro vorbei, ein Mordstrumm von einer Krähe setzt sich vors Fenster, und drinnen schaut Samuel Beckett skeptisch auf mich herunter. Ein Zitat des irischen Trotzkopfes flutscht in meinen müden Kopf: „Immer wieder versucht. Immer wieder gescheitert. Kein Problem. Nochmals versucht. Nochmals gescheitert. Besser gescheitert." Ich übe noch, Samuel, ich übe noch.

Aber eigentlich sollten wir nicht über unsere Niederlagen grübeln, sondern über unsere Siege. Als Mann und Mensch bin ich im Umgang mit Niederlagen ziemlich geübt, ich erleide sie schließlich täglich. Aber die Siege, die kleinen und großen Triumphe, die sind so rar gesät, dass ich immer völlig verdattert bin, wenn sie sich plötzlich vor mir aufpflanzen.

Unlängst wollte der Herr Sohn beim Freund übernachten. Abchillen, Musik downloaden, Chips futtern, über Mädchen quatschen. Das Übliche halt. „Kommt gar nicht in Frage", sprach die strenge Frau Mama, gleichzeitig beste aller Ehefrauen. „Dafür ist er noch viel zu jung!" „Ach, Frau", antworte ich, „der Kerl ist 13, wenn wir Pech haben, werden wir bald Großeltern." Ein kleiner, feiner Streit folgte.

Am Abend die große Überraschung. „Du hast ja recht", sagt sie plötzlich. „Ich muss endlich loslassen." Wie, was, warum? Sie gibt nach, ich gewinne? Wo ist der Haken, wo bleibt der Querschläger? Ich übe noch fleißig, Samuel, um mit meinen Siegen klarzukommen.

Berufserfolg mit Nilpferden

Wenn man bei Google den Begriff Nilpferd-Dompteur
eingibt, kommt nichts Gescheites. Nilpferd-Dompteur
ist offenbar kein Traumberuf. Jetzt würde ich natürlich gerne
wissen, liegt das daran, dass niemand Nilpferde sehen will,
die auf einem Bällchen balancieren? Oder lassen sich Nilpferde einfach nicht dressieren, weil sie finden, Gras fressen und
im Wasser herumstehen ist eh anspruchsvoll genug, und mehr
Kunststücke kann niemand von ihnen verlangen?

Zweiteres kommt mir wahrscheinlicher vor, und zwar auf
Basis der vergleichenden Verhaltensforschung. Sie untersucht
unterschiedliche Spezies auf etwaige Ähnlichkeiten und stiftet
so auch die Laiin zu Vergleichen an, zum Beispiel wenn ihr ein-
fällt, dass sie ihre Wohnung mit einem Wesen teilt, das findet,
Käsebrote essen und auf dem Sofa liegen ist anspruchsvoll genug, und mehr Kunststücke kann niemand von ihm verlangen.
Unmenschliche Dressurakte (wie Hausarbeit) schon gar nicht.

Drum war ich unlängst gerührt wie ein alter Nilpferd-Dompteur, dem sein Hippo nach jahrelangem Stumpf-in-der-Mane-
ge-herumstehen plötzlich durch den Feuerreifen springt. Das
war, als der Herzbube, der den Geschirrspüler seit Jahren weit-
räumig umfahren hat, denselben einzuräumen begann. Einfach
so.

Der Zirkus Baumhackl hat also eine neue Attraktion, und in
mein Dienstzeugnis als Dompteuse habe ich mir einen dicken
Einser eingetragen.

Wer bekommt die besten Noten?

Rettet die Gummibärlis

Pädagoginnen sind rund um die Uhr Pädagoginnen. Und wenn die 24 Stunden nicht reichen, nehmen sie die Nacht dazu. Sie meinen es eh lieb und denken sich halt: Die Welt ist schlecht, die Menschen sind form- und haltlos, ein bissl strenge Erziehung hat noch niemandem geschadet.

Unlängst saß ich mit müden Gedanken und einem Sackerl Gummibärli vor der Glotze und stellte fest, dass Jennifer Lopez als Schauspielerin durchaus drei gerade Sätze hinkriegt. „Jetzt bist du an der Reihe", sagte ich zum roten Bärli und biss ihm genüsslich den Kopf ab. Den grünen Bärlis knabberte ich die Füße weg, die orangen Bärlis wanderten unversehrt in den Schlund. JLo bedeckte den Body ihres Lovers mit zarten Küssen, draußen prasselte der Regen, es hätte ein schöner Abend werden können.

„Iss nicht so viele Gummibärlis, das ist schlecht für deine Zähne und deine Figur", lächelte mich die beste aller Ehefrauen an. Ich lächelte nicht zurück. Ich: „Glaubst du, dass die Lopez jemals ihrem Mann sagt, dass er nicht zu viele Gummibärlis essen soll?" Sie: „Glaubst du, dass der Mann von der Lopez so lange Gummibärlis futtert, bis er selbst wie ein Riesenbärli aussieht?"

Nach diesem Zwischenfall sah ich mich leider gezwungen, das Jahreszeugnis für die beste aller Ehefrauen zu korrigieren. Im Pflichtfach „Man-muss-den-Partner-so-lieben-wie-er-ist-und-darf-ihn-niemals-erziehen-wollen" reichte es doch nur für ein Genügend.

Ich fühle mich wie ein Pudel

W er schon einmal versucht hat, beidhändig eine hundertjährige Eiche zu umfassen, hat eine recht gute Vorstellung davon, wie es sich derzeit anfühlt, den Herzbuben zu umarmen.

Um Missverständnissen vorzubeugen: Wir sprechen hier nicht von borkigen Oberflächen. Da ein Butterbrot, dort ein Magnum: Zielstrebig arbeitet er an der Erlangung der Dreistelligkeit, die Badezimmerwaage wird schon total nervös, wenn er nur an ihr vorbeigeht.

„Bauch ist sexy", prahlt er. Ja, so sexy wie Schwimmhäute, sage ich. Ich meine es aber nicht so, nur ein bisschen, und das auch nur, weil seine Ärzte immer mit ihm schimpfen, er solle besser auf sein Gewicht achten. Aber wenn ich ihn daran erinnere, schneidet er sich natürlich zu Fleiß noch ein Wurstradl ab. Wie lange dauert eigentlich die Trotzphase bei Männern? Ein Leben lang?

Einen echten Nachteil hat so ein Herzbubenbauch natürlich. Wenn man am Strand zwecks konzentrierterer Romanlektüre seinen Kopf auf ihn bettet, muss man nach dem Urlaub zur Physiotherapie, um seine überstreckten Halswirbel behandeln zu lassen. Mit einem Waschbrettmann wäre mir das nicht passiert, bis zum nächsten Urlaub ist die Wampe weg, pudele ich mich auf. Und er schneidet sich noch ein Wurstradl ab und tut ansonsten, was hundertjährige Eichen so tun, wenn ihnen ein dahergelaufener Pudel an die Borke pinkelt: Er ignoriert mich einfach.

Geht es auch ohne Bauch?

Kalorien & Kirchenwirt

Der Teufel scheut das Weihwasser, die beste aller Ehefrauen die Körperwaage. Nach dem Urlaub, wenn die Ellbogen von den blutigen Schlachten am Buffet noch ganz aufgeschunden sind, macht sie einen besonders weiten Bogen um diesen fiesen Lügendetektor. Es ist auch schon passiert, dass die Waage plötzlich unauffindbar war. „Hast du sie gesehen?", fragt sie dann mit unschuldiger Stimme. Ich kann es nicht beweisen, aber ich hege den dringenden Verdacht, dass dieser Schlawiner das Beweismittel eigenhändig verschwinden ließ.

Ich für meinen Teil habe dieses Problem ja nicht. Ich stelle mich einmal im Monat in unserer schönen Marktgemeinde auf die Brückenwaage, nehme den regelmäßigen Zuwachs meiner zur Kenntnis und kehre dann gut gelaunt beim Kirchenwirt auf einen zünftigen Schweinsbraten ein. Schließlich weiß jeder, dass Bauch, graumelierte Haare und eine zerfurchte Gesichtslandschaft ein Mannsbild erst so richtig sexy machen.

Für den Schlawiner zuhause hat inzwischen die Stunde der Wahrheit geschlagen, die Körperwaage ist plötzlich wieder aufgetaucht. Schon von weitem höre ich lautes Schluchzen und eine verzweifelte Stimme, die immer wieder diesen einen Satz wiederholt: „Das gibt's doch nicht, das gibt's doch nicht, das gibt's …" „Ab sofort wird abgenommen", faucht sie. „Und nur noch gesund gekocht."

Gut, dass es den Kirchenwirt gibt.

*„Warum zitiert der Mensch aus
Brehms Tierleben, wenn er seinen
Lieblingsmenschen umkosen will?"*

Mäuse, Hasen,
Bären, Hengste

Allem Vieh, den Vögeln des Himmels und den Tieren des
Feldes hat der Mensch Namen gegeben. So steht's schon
im Buch Genesis. Und erzählt wohl davon, wie sich der Mensch
die Welt zur seinen machte. Wer die Dinge benennt, stellt sich
in ihren Mittelpunkt; wahrscheinlich kommt es daher, dass wir
alles, was uns nahesteht, mit Kosenamen schmücken, inklusive
unserer Kfz und Hochzeitswerkzeuge.

Laut Lexikon werden Kosenamen vor allem unter Leuten
vergeben, die zueinander in enger Beziehung stehen. Insofern
finde ich es gerechtfertigt, jene Leute, die mir auf der Autobahn
immer so nervig nahe hinten drauffahren, kosend zu benennen: Ich heiße sie Halawachl. Angeblich bestehen die meisten
Menschen darauf, in der Öffentlichkeit nicht mit den Kosenamen angesprochen zu werden, die ihnen ihre Liebsten geben;
es ist ihnen zu intim. Dabei nennen laut einer deutschen Um-
frage Männer ihre Frauen am liebsten Schatz, Mausi oder En-
gel. Frauen rufen ihre Männer vorzugsweise Schatz, Hase oder
Bär. Besonders intim scheint mir das nicht; im Gegensatz zum
angeblich zehnthäufigsten männlichen Kosenamen des deutschen Sprachraums: „Hengst". Der erschiene mir für öffentliche
Verbalzärtlichkeiten denn auch zu privat.

Obwohl: Quer durchs Großraumbüro, die Gaststube oder
über den Hauptplatz gebrüllt hätte ein Satz wie „Hengst, holst
du mir aus der Apotheke bitte noch ein paar Lutschtabletten?"
durchaus einen gewissen Unterhaltungswert.

Wie halten wir es mit den Kosenamen?

Kein Herz für Tiere

Gott hat allen Tieren einen Namen gegeben, und dann bekam der Mensch plötzlich einen Huscher und gab seinen Lieb-Menschen einen Tiernamen – oder wie?

Es laufen nämlich so viele Mausis und Hasis und Bambis und Spatzis und Bärlis frei durch die Gegend, dass man den Menschenweibchen und -männchen am liebsten zurufen würde: „Ja habt ihr denn alle einen Vogel! Sofort aufhören mit dem Unsinn!" Es wird mir immer ein Rätsel bleiben: Warum bloß zitiert der Mensch hauptsächlich aus Brehms Tierleben, wenn er seinen Lieblings-Mitmenschen umkosen will? Oder – später dann in der Beziehung – das Gegenteil davon. Aus dem Mausi wird bekanntlich schnell der Mistkäfer, aus dem Hasi der Hund, aus dem Bambi die Kuh, aus dem Spatzi die Gans, aus dem Bärli der Aff. Ob im Guten oder im Bösen: überall nur Viecher, Viecher, Viecher.

Und dann gibt es noch jene besonders originelle Spezies von Zeitgenossen, die sich gegenseitig Mama und Papa nennt. Sagt die Frau zum Mann: „Du, Papa, wie wär's heut Abend mit uns beiden?" Sagt der Mann zur Frau: „Du, Mama, tut mir leid, ich hab leider eine schreckliche Migräne." Törnt voll an, echt.

Seltsamerweise neigen auch junge Paare zu diesen verbalen Grausamkeiten. Da lobe ich mir mir den zünftigen Charme der besten aller Ehefrauen, die mir unlängst an einem Marktstandl ein riesiges Lebkuchenherz gekauft und lächelnd umgehängt hat. Die Aufschrift: „Alter Spinner".

„Mit Frauen ist es lustiger, aber ich
sollte mit Männern wohnen."

Echte Lebensart

Letztens war Dörtchen da. Auf Besuch aus Amerika. War schön. Nur vorher war anstrengend, weil ich aufräumen musste wie der Teufel. Dörtchen ist nämlich eine richtige Frau, so eine kann bekanntlich nicht zwischen hüfthohen Zeitungsstapeln wohnen oder zwischen ca. 1000 halb ausgedrückten Kosmetikproben im Bad. Dörtchen braucht ein Hygieneumfeld und aufgeräumte Abstellflächen. Derlei kann ich nur nach aufwendigeren Umbauarbeiten bieten.

Und nein, das Haus und seine Stammbewohnerin sind nicht komplett verdreckt; dafür sorgt in einzigartiger Aufopferungsbereitschaft seit jetzt auch schon fast 20 Jahren die überaus wundervolle Madame C. Die hat den Kampf gegen hervorquellende Gegenstände aber schon lange aufgegeben; ist schließlich eine kluge Frau.

Jedenfalls ist mir dank des Dörtchen-Wochenendes eine alte Erkenntnis wieder aufgestiegen: Mit Frauen ist es lustiger, aber ich sollte mit Männern wohnen. Die sind so schön unkompliziert. Dass nicht aufgeräumt ist, fällt den meisten sowieso nicht auf. Und wenn's grad dringend ist und der Geschirrspüler noch läuft, essen sie ihre Malakofftorte mit den Fingern vom Schneidbrett und trinken ihren Kaffee aus notdürftig ausgespülten Gurkenglaseln. Das nenne ich Lebensart!

Sind Männer die besseren Frauen?

Echte Trennung

Obwohl ich ein Mann bin, bilde ich mir ein, ein nicht allzu großer Saubartl zu sein. Ich dusche regelmäßig, ich wechsle ebenso regelmäßig meine Unterhosen, ich bin im Besitze eines Nagelschneiders, den ich ebenfalls regelmäßig einsetze, und sogar Deos kenne ich nicht nur vom Hören und Sagen. Unlängst habe ich mir sogar eine neue elektrische Zahnbürste gekauft. Kurz: Ich stinke nicht fünf Kilometer gegen den Wind, bin eine durchaus gepflegte Erscheinung und mit mir hygienisch gesehen absolut im Reinen.

Im Zuge des Zahnbürstenkaufs habe ich sogar meinen Toilettenschrank ausgemistet. Na ja, Schrank ist natürlich leicht übertrieben: Geschätzte zehn Quadratzentimeter im Schrank gehören mir, der Rest der besten aller Ehefrauen und dem Junior. Aber ich will mich nicht beschweren.

Ausmisten also. Zwangsneurotiker wie unsereins kennen bekanntlich nur zwei Wege: alles sammeln oder alles wegwerfen. Letzteres habe ich eben dieser Tage getan. Heißt: Plastiksackerl nehmen, alles reinschmeißen, alles wegwerfen. Lange konnte ich mich auf meinen Simplify-Your-Life-Lorbeeren allerdings nicht ausruhen. Denn die beste aller Ehefrauen sprach gar unwirsch zu mir: „Du bist so ein Mülltrennungs-Saubartl, unglaublich!" So ein Mist!

(Ver)Störungen

„Es gibt Wichtigeres auf dieser Welt als Weihnachtsbeleuchtungen ..."

War eh total leise gebrüllt

In der fleischverarbeitenden Industrie gilt der Goder als minderwertiger Teil vom Tier, der üblicherweise nur verwurstet wird. Im zwischenmenschlichen Umgang ist er höher angesehen und wird der Umwelt auch gern zur zärtlichen Behandlung entgegengereckt, schließlich gehört ein gut gekratzter Goder zu jener raren Art von Streicheleinheiten, die man sich von seinen Mitmenschen angedeihen lassen kann, ohne deswegen gleich mit ihnen verheiratet sein zu sollen.

Interessanterweise ist das eine Feststellung, über die meist große Einigkeit herrscht: Es wird viel zu wenig gelobt. Üblicherweise hat man dabei vor allem die eigene Person vor Augen, deren Großartigkeit und Liebreiz von Partnern, Chefs und anderen Lebensbegleitern ja leider eher selten in all ihrem Facettenreichtum wahrgenommen wird. Sogar wildfremde Menschen kommen vorschnell zu falschen Urteilen, z. B. war ich gestern, fürchte ich, für den Herrn auf der Linksabbiegespur hinter mir eine blöde Funsn, die man wütend anhupen muss, weil sie die Frau mit dem Kinderwagen nicht vom Zebrastreifen schiebt, wenn er es eilig hat. Zu ihm ist mir dann auch nichts Wohlwollendes eingefallen, ich habe, wenn ich mich recht entsinne, irgendwas vor mich hingebrüllt, das ein umgekehrt proportionales Verhältnis zwischen seiner Hupenlautstärke und Größe seiner Hochzeitswerkzeuge beschrieb.

Dafür gebührt mir echt kein Lob; höchstens dafür, dass ich es total leise und bei geschlossenen Fenstern gebrüllt habe.

Wie viel Lob können wir ertragen?

Danke, liebe MA 2412

Ich stimme hundertprozentig mit Ihnen überein: Es gibt Wichtigeres auf dieser Welt als Weihnachtsbeleuchtungen im Allgemeinen und meine hauseigenen Lichterspiele im Besonderen. Dennoch muss ich Sie noch einmal mit diesem Thema belästigen. Weil:

Vergangenen Sonntag klingelte es frühmorgens an der Tür. Als ich mit einem beträchtlichen Grant im Gesicht öffne, reihen sich meine Nachbarn vor mir auf, nehmen feierlich Habtachtstellung an und verkünden mit vereinter und ernster Stimme: „MA 2412, Amt für Weihnachtsbeleuchtung. Wir haben gehört, dass Ihr Haus heuer unbeleuchtet bleiben soll. Das ist gegen jede Verordnung, das gehört sofort geändert."

Der Grant ist inzwischen einem Staunen gewichen, später wird ein sattes Lächeln daraus werden. Der Hintergrund der morgendlichen Aktion: Nach einem Betriebsunfall im Vorjahr wagte ich mich heuer zwecks Adjustierung diverser Lichterketten nicht aufs Dach. Diesen Job übernahm jetzt die MA 2412. Ausgerüstet mit Leiter, Hammer, viel Humor und noch mehr Hilfsbereitschaft zauberten meine Nachbarn innerhalb einer Stunde ein Strahlen auf meine Hütte und in mein Gesicht. Dann begann es auch noch zu schneien, aus dem Radio düdelte „Last Christmas", und die Welt war weiß und schön.

Wie viel Lob ich ertrage? Viel. Noch mehr Lob und ein herzliches „Danke" muss aber diese MA 2412 ertragen.

"Ein Paar Knie günstig abzugeben, aus erster Hand, für Bastler."

Kniegeräusche

Ein Paar Knie günstig abzugeben, aus erster Hand, für Bastler. Ich glaube, ich hätte jetzt bald gerne neue. Seit der großen Erdbeerpflanzung machen meine alten knackende Geräusche. Zwischendurch klingt es, als würde ich auf abbrechenden Soletti gehen.

Die logische Konsequenz daraus ist es natürlich, SOFORT jede erdenkliche sportähnliche Tätigkeit einzustellen, darunter auch den Morgenlauf, hurra, und fortan gottergeben darauf zu warten, dass man sich nun bald endgültig in Jabba the Hutt aus „Star Wars" verwandelt haben wird, weil man in der Mitte seiner Jahre keinen Sport betreibt.

Kein Sport ist ja inzwischen wie nicht Zähneputzen, es stellt den Tatbestand körperlicher und, noch schlimmer, psychohygienischer Verwahrlosung dar. Wer sonst schon nichts macht, muss wenigstens scheu bekennen, dass er Radausflüge unternimmt oder mit den Kindern Tempel hüpft. Kein Kletterausweis, keine Mitgliedschaft im Fitnessstudio sind schon fast verdächtig, denn der Bürgerkörper bedarf der unablässigen Stählung/Ertüchtigung/Verschönerung. Nur ich, ich bin jetzt außer Obligo. Leuten, die mit mir laufen gehen wollen, denen knacke ich einfach etwas vor. Und naturträg, wie ich bin, müsste ich dem Herrgott für die sportliche Entlastung auf Knien danken. Dafür tun sie aber viel zu weh.

Wie mörderisch ist Sport?

Churchill und ich

No Sports!" hat Winston Churchill angeblich auf die Frage eines Reporters geantwortet, wie er trotz Zigarren- und Whiskeykonsums ein so hohes Alter erreicht habe. Das ist eine schöne Einstellung, die mir garantiert, mindestens 102 Jahre alt zu werden. Denn: Wer gesund ist, braucht keinen Sport zu betreiben. Und wer krank ist, darf keinen Sport betreiben. So einfach ist das Leben manchmal.

Die Wahrheit freilich, die ist etwas komplizierter. Denn sowohl der englische Premier als auch meine Wenigkeit haben in jungen Jahren eine veritable sportliche Karriere hingelegt. Churchill war Fechter, Schütze, Reiter und Polospieler, meine Aktivitäten sind nicht ganz so elitär gewesen. Ganz in Weiß bin ich als Jüngling über die Tennisplätze gefegt. Wenngleich von der Anmutung eines knielädierten Weberknechts habe ich so manchen Sieg davongetragen.

Auf den Skipisten des Landes war ich als Kid von Kitz berühmt-berüchtigt, ein dritter Platz im Riesentorlauf hat mir sogar einen Kuss von der örtlichen Dorfprinzessin eingebracht.

Nur im Fußball, da war mein Erfolg nicht wirklich berauschend. Zwei lange Beine waren ständig im Weg und außerdem eine Regel, die ich bis heute nicht verstehe. Das Diesseits ist mir klar, sogar vom Jenseits habe ich bestimmte Vorstellungen. Aber was, bitteschön, bedeutet dieses blöde Abseits?

Postkartenblues

Letztens wieder zwölf Postkarten gekauft. Da kann ich nichts machen. Das passiert, wenn Papierhandlungen meinen Weg kreuzen. Wenn sie mich in so ca. 50 Jahren aus der Wohnung tragen und die Erben endlich alles aufräumen, werden sie wahrscheinlich kopfschüttelnd zentnerweise Postkarten aus dem Fenster schmeißen: Ich kaufe die zwanghaft. Aber gut, jeder lebt so seine Anhäufungsneurosen aus.

In Wahrheit bin ich noch gut dran: Andere horten Autowracks in ihrem Garten. Oder gläserweise Nutella im Keller. Warum meine eigenen Kompulsionskäufe auf die Postkarte fokussieren: keine Ahnung.

Die Postkarte existiert ja praktisch nur noch als Gegenstand, nicht als Kommunikationsmittel. Schreibt ja heute keiner mehr, außer meinen Eltern, die im Urlaub atmosphärisch-erzieherische Höchstleistungen erbringen („Sind gut angekommen, das Meer ist herrlich, wir erholen uns gut und gehen viel spazieren. Arbeite nicht zu viel, und vergiss nicht, am Mittwoch kommt der Stromableser.").

Den Generationensprung sieht man am schönsten, wenn die junge Nichte und der junge Neffe durch Kuba trampen. Da darf man sich drei Wochen lang außer einem dürren Facebook-Posting („Alles o. k.") nicht viel erwarten; Gott sei Dank hatte ihre Mutter Nutella im Keller, zum Nervenberuhigen.

Was treibt uns zu Höchstleistungen?

Das mittige Leben

Bekanntlich ist alles relativ. Neulich im Krankenhaus traf ich einen alten Bekannten, der auch schon 86 Lebensrunden gedreht hat. „Sie schauen aber jung aus", sagte der nette Herr zu mir. „Sie betreiben wohl mächtig viel Sport." Ich gratulierte dem lieben Zeitgenossen zu seinem formidablen Sehwerkzeug und sprach dann wie folgt: „Jung, ja, gut beobachtet. Sport, nein, falsch getippt." Der alte Bekannte formte sein belebtes Gesicht in ein lebhaftes Fragezeichen um: „Kein Sport, junger Mann? Was dann?" Meine Antwort hat ihn verblüfft: „Meine Höchstleistung war, nie eine solche erbracht zu haben." Das wollte der nette Herr näher erläutert haben.

Nun: Das Extreme ist bekanntlich der Feind der Mitte; und die Mitte ist bekanntlich der Freund der lebenslangen Ausgeglichenheit. Also räumte ich rechtzeitig mit dem Extremsport auf. Heißt: Befreiung vom Turnunterricht in der Schule. Beendigung der Skifahrerkarriere nach wiederholten Ganzkörpervollbremsungen. Beendigung des Tennistraums nach dem jähen Erkennen, dass dieser Sport für die Mädchenwelt ein Albtraum ist. Seither führe ich ein rundes, gesundes, ausgeglichenes, mittiges Leben.

Dass es mir dabei an allen Ecken und Enden zwickt und zwackt, sieht man mir nicht an – im jungen Gesicht.

Wie konnte ich so blöd sein

Eigentlich hat sich das ja aufgehört mit den spätnächtlichen Anrufen, oder dass jemand heulend vor der Tür steht. Wir sind ja gottlob alle stabiler geworden. Aber da steht Käti, verschwollen und schluchzend, weil es nämlich AUS ist, AUS UND VORBEI mit dem SCHWEIN. WIE KONNTE ICH SO BLÖD SEIN, schreit Käti in ihren Gutelaunetee, gut hundert Mal in den nächsten Stunden, und man murmelt, was man immer in diesen Situationen murmelt, dass sie sich ausweinen soll, und dass sie recht hat, und sei doch froh, dass du ihn los bist.

Aber Käti ist nicht froh, noch wochenlang nicht, und sie ruft oft an oder will was unternehmen, und alle Gespräche kreisen um IHN, endlos, tränenreich und voller Zorn.

Das Problem ist: Käti ruft immer nur an, wenn es vorbei ist. Alle paar Monate findet sie die Liebe ihres Lebens und verschwindet komplett, hat keine Zeit, hebt nicht ab, und gerade, wenn man schon fast vergessen hat, dass man mit ihr befreundet ist, sirrt spätnachts das Telefon, und eine brechende Stimme fragt: Hast du kurz Zeit? Ja, eh. Ich hätte aber auch Zeit zum Badminton spielen, wie letztens mit Bibi und Herbert, oder fürs Kino, wie letztens mit Häschen, die hat aber Käti nicht, die will nur gemeinsam trauern und fluchen, trauern und fluchen.

Gott sei Dank kann ich das; ich kann zuhören, Tee kochen und gut schimpfen über Leute, die ich gar nicht kenne. Nur: Sie versöhnt sich manchmal auch wieder. Das ist dann blöd.

Was macht uns nervös?

Die Liste

Wer hat die längsten Nasenhaare, wer die abstehendsten Ohren? Was ist ganz besonders gaga im neuen Jahr, was ganz besonders hui? Und: Was sind die beliebtesten Stellungen beim …na, Sie wissen schon. Wir leben in einem Zeitalter der Listen. Deshalb an dieser Stelle meine ganz persönliche, aus Platzgründen leider unvollständige Liste von Menschen, die mich nervös machen:

1. Menschen, die zu wenig denken.
2. Menschen, die zu viel reden.
3. Menschen, die zu oft lächeln.
4. Menschen, die Bob Dylan nicht mögen.
5. Menschen, die immer zu spät kommen.
6. Menschen, die Bücher nicht zurückgeben.
7. Menschen, die als Beifahrer das Wort ergreifen.
8. Menschen, die sich ständig die Hände waschen.
9. Menschen, die mit Bergarbeiterlampen auf der Stirn durch die Dunkelheit joggen.
10. Menschen, die im Urlaub mit Handtüchern Liegen reservieren.
11. Menschen, die Backhendl mit Messer und Gabel essen.
12. Menschen, die sich vor der Wurstvitrine vordrängeln.
13. Menschen, die Witze erzählen und sich die Pointe nicht merken.
14. Menschen, die fehlerfrei sind.
15. Menschen, die dämliche Listen erstellen.

Paul zieht's

R enate kennt sich aus, Renate war vor 13 Jahren schon einmal hier, da waren aber die Straßen schlechter und die Elefanten mehr. Renate weiß das deshalb so genau, weil sie ihr Reisetagebuch von damals mit dabeihat, und während man aus dem Überlandbus, in dem man sitzt, auf Zebras, Gnus, Giraffen blickt, liest Renate vor, wie sie vor 13 Jahren aus dem Überlandbus auf Zebras, Gnus, Giraffen blickte, man erlebt also eigene Gegenwart und Renates Vergangenheit im selben Moment; es hat was von Performance Art, aber eine, für die man eigentlich gar keine Karte wollte.

Zwischendurch klärt Renate die Businsassen über Schönheit und Bedeutung deutscher Redewendungen auf: „In Germany we say ‚Morgenstund hat Gold im Mund'", es folgt eine längere englischsprachige Erläuterung, erste Umsitzende beginnen, Bewusstlosigkeit vorzutäuschen, zur Stärkung gibt Renate Nüsschen durch. Selbst denkt man sich: Nie wieder Überlandbus, nächstes Mal miete ich mir ein Auto, zumal jetzt auch noch die Lüftung gedrosselt werden muss, weil es Renates Mann Paul an den Füßen zieht. „In Germany we don't have so much air condition", erklärt Renate, gottlob hat sie Abhilfe in ihrer Handtasche, und so wird eine Handvoll Busreisender eines besonderen Naturschauspiels teilhaftig; nämlich eines Mannes, der sich Socken und Sandalen anzieht. In Germany everybody does it.

Wann bekommen wir kalte Füße?

Frostige Schuhe

Wenn ich nicht ganz genau wissen würde, dass die beste aller Ehefrauen aus der lieblichen Oststeiermark stammt – von dort also, wo die Hügel sanft und die Kirchtürme hoch sind –, würde ich sie aufgrund langjähriger Lebenserfahrung ganz woanders verorten. In Nowosibirsk zum Beispiel. Sie wissen: Das ist die drittgrößte Stadt Russlands und die größte Stadt Sibiriens. Mein mobiles Telefon sagt mir, dass es dort derzeit recht heimelig ist. Es hat nur 24 Grad. Minus natürlich. Die Verbindung zwischen der Oststeiermark und Nowosibirsk muss natürlich erklärt werden. Alsdann:

Die beste aller Ehefrauen ist zum Beispiel der Meinung, dass Schuhe draußen vor der Tür bleiben müssen. Das ganze Jahr über. Meist ist das kein Problem. Im Juni nicht, im Juli nicht, im August auch nicht. Aber wenn das Leder dann gefriert, zum Beispiel jetzt, im Jänner, und die Schuhbänder wie Eisfäden aus den Latschen hervorstechen, kann das schon eine Herausforderung sein. Erstens: Wie schlüpft man in tiefgefrorenes Leder? Zweitens: Was tun gegen die klammen Zehen, die kirchturmhoch Richtung Nowosibirsk zeigen? Wir hatten jetzt ein Gespräch, die beste aller Ehefrauen aus Sibirien und ich. Wir sind übereingekommen, dass unsere Schuhe ab minus 10 Grad ins Haus dürfen. Seither schauen wir beide sehr regelmäßig auf den Wetterdienst unserer mobilen Telefone.

„Keine Bange, Sie sind nicht versehentlich in einen Ärztefortsetzungsroman geraten."

Plötzliches Tief

D as Stimmungstief war unvorhersehbar, und es entlädt sich plötzlich. Schauplatz: Ein Eisstand in Kopenhagen, hier soll Häschen den Lohn dafür empfangen, dass er mit drei Frauenspersonen geduldig durch die Stadt gedackelt ist, beim Shopping nicht gemurrt hat und auf Handyschnappschüssen das Stadtbild verschönert hat („Da stell dich hinüber!"). Möglich war das, weil Häschen, der tiefe Zuneigung zu Schokolade hegt, bei guter Führung ein Schokoeis in Aussicht gestellt wurde. Das hält er jetzt in der Hand. Eine Kugel weiße Schokolade, eine Kugel dunkle Schokolade, darüber Schokostreusel UND Schokosauce – besser hat weibliche Anerkennung für Häschen noch nie ausgesehen.

Bloß hat das Eismädchen mit der Schokosauce großzügig, aber unsauber gearbeitet, all die Pracht tropft ihm über die Hand, auf die Knie und sonst wohin, was ihn irrsinnig aufregt. Anstatt die Bescherung rasch wegzuschlecken, sitzt Häschen wie versteinert da und macht seinem Ärger Luft. Was die Kopenhagener Kinder sichtbar verwirrt: Warum beginnt der große fremde Mann so furchtbar zu zetern, wenn er ein Eis kriegt? Weil dieser Mann, liebe Kinder, soeben die entsetzliche existenzielle Erfahrung gemacht hat, dass man auch ZU VIEL Schokolade haben kann. Wenn einen das nicht zur Verzweiflung treibt, was dann?

Was kann uns überraschen?

Bruchlinien

Keine Bange, Sie sind nicht versehentlich in einen Ärzte-fortsetzungsroman geraten, aber von Doktor Singh muss ich Ihnen noch unbedingt erzählen. Ursprünglich aus den indischen Kronkolonien, ordiniert Dr. Singh jetzt in einem britischen Kreiskrankenhaus. Und dort hat er mir vor wenigen Tagen die Hand gebrochen. Das kam so:

Die Hand war schon gebrochen, aber unbehandelt und deshalb falsch zusammengewachsen. Also musste sie der liebe Dr. Singh noch einmal brechen, damit alles wieder gut wird. „Wird das sehr wehtun?", habe ich ihn gefragt. „Oh ja!", hat Dr. Singh wahrheitsgemäß geantwortet. Aber er war so lieb, mich durch eine nette Plauderei durchs Jammertal zu geleiten: „So, so, aus Österreich sind Sie, schön, schön. Arnold Schwarzenegger kenne ich. Und wie heißt dieser Mann doch gleich, der seine Familie jahrelang im Keller versteckt hat?" Ich versuche zähneknirschend, Dr. Singh davon zu überzeugen, dass unser Land noch Besseres zu bieten hat. „You know, Mozart, Mountains, Manner Schnitten …" Weiter komme ich nicht. Da lächelt er mich breit an. „So, fertig. Ja, ja. Österreich. Und wer ist Mozart?" Vielleicht habe ich mir das alles nur eingebildet, die vielen Schmerztabletten und so. „Have a good break!", sagt Dr. Singh zum Abschied noch. Und grinst. Also doch keine Einbildung.

„Dieser Baum, er soll bitte
ewig weiterleben!"

Baumpelzer

L ange macht es der alte Zwetschkenbaum nicht mehr. Erst
traf ihn der Blitz, dann brach ihm der größte Ast ab, seither
treffen sich die Spechte hier gern zum Buffetfrühstück, weil
unter seiner Rinde allerhand wohnt. Der Baum ist mittlerweile
reichlich wackelig; letztens hat ihn ein Meisenpaar inspiziert,
und man sah der Meisin deutlich an, dass sie ihre Eier sicher
nicht in dieser Bruchbude ausbrüten wird.

Andererseits trägt der Baum die besten Zwetschken, die ich
kenne, und soll bitte ewig weiterleben. Er tut eh, was er kann,
jeden Frühling lässt er sich Wildtriebe wachsen, die allerdings
nur faserige harte kleine Früchte tragen; man muss solche Triebe veredeln, damit das was wird. Also bin ich jetzt unter die
Pelzer gegangen.

In meiner rustikalen Kindheit wurden als Baumpelzer Menschen bezeichnet, denen man im Leben nicht viel zutraute. Das
finde ich ungerecht, weil ich mir auf Youtube das Lehrvideo
zur Obstbaumveredelung ansah; Neurochirurgie ist ein Dreck
dagegen. Jedenfalls tat ich, wie mich das Video hieß, und pelz-
te Edelreiser auf die Wildlingstämme.

Erst als ich fertig war, fiel mir auf, dass ich die Triebe gegen
die Wuchsrichtung gepfropft hatte. Genauso zielführend wäre
es, einen Baum mit der Wurzel nach oben einzupflanzen, aber
zu so einer Dummheit, hätte man in meiner rustikalen Kindheit
gesagt, ist ja nicht einmal ein Baumpelzer imstande.

Was stürzt uns ins Unglück?

Das fiese Vogerl

Glück ist ja bekanntlich jener Zustand, den man meist erst dann bemerkt, wenn er schon vorbei ist. Das Wissen um die Richtigkeit dieses Befunds stürzt mich oft in tiefes Unglück. Dass man das fiese Vogerl quasi nie zu fassen kriegt, sondern immer nur davonfliegen sieht, ist schon eine ausgewachsene Sauerei, von wegen Schwein gehabt. Da sitzt man etwa in der grandiosen New Yorker Grand Central Station an der Oyster-Bar, lutscht großmännisch fadisiert an seinen Austern und denkt sich: Na ja, eh recht g'schmackig, diese glitschigen Viecher. Doch sobald man ans Tageslicht tritt, fährt einem die Erinnerung an dieses wunderbare Erlebnis in alle Glieder, verzweifelt schleckt man sich die Finger ab auf der Suche nach einem Restchen Austernschlicke; aber nichts da, das Glück fliegt schon längst die Fifth Avenue entlang und zeigt uns hämisch den Vogel.

Oder da sitzt man wetterfest verpackt an einem schottischen Strand, der Regen lispelt, die Schafe blöken, die Papageientaucher tuscheln, und man denkt nichts ahnend vor sich hin: Hm, schon viel Sand hier und wenig WLAN. Aber schon im Weggehen kann man sie hören, die Papageientaucher, wie sie einem aufgeregt hinterherplappern: „Verweile doch, hier ist's so schön – und du bist so blöd!" Faustregel im zukünftigen Umgang mit dem Glück: Vogelkäfig mitnehmen! Für das Federvieh im eigenen Kopf.

Geld, wo bist du?

Ich vermisse mein Geld. Letzten Monat sind drei Strafzettel beim Postkasten hereingesegelt. Dabei bin ich im Straßenverkehr jetzt echt keine Wildsau; ich halte vor Zebrastreifen und blinke beim Abbiegen. Nur mit den Autobahnen ist auf einmal etwas. Etwas, das jene Alltagsmathematiker bestätigt, die behaupten, dass PS-Stärke und Anzahl der Hirnzellen in einem reziproken Proportionalverhältnis stehen.

Apropos Proportion: Letztens habe ich wieder einmal von der Mathematikmatura geträumt. Nicht von der originalen, die war eh ok. Im Traum aber steht plötzlich der Landesschulrat vor der Tür: Leider, leider, Frau Baumhackl, uns sind Ihre Mathematikunterlagen von damals verloren gegangen, Ihr Maturazeugnis ist nicht mehr gültig, aber wissen Sie was: Das lässt sich rasch erledigen, wir wiederholen Ihre Matura einfach. Ja, natürlich, jetzt gleich und sofort, bitte nehmen Sie Platz, hier ist Ihr Aufgabenblatt, am besten, Sie fangen sofort an: f(x) = (x - 3)·ex/3.

Zu diesem Zeitpunkt wache ich auf. Hab ich mir angewöhnt; ich setz mich doch im Traum nicht hin und löse Funktionsgleichungen. Erstens ist Schlaf zur Entspannung da, zweitens finde ich mit den Grundrechnungsarten das Auslangen. Ich kann z. B. passabel addieren, auch wenn die eigene Rechenkompetenz bei, sagen wir, drei Strafzetteln eher wenig Freude macht.

Wen vermissen wir?

Sir Henry

Vor drei Sommern war's und die Hitze ekelhaft brütend, da dachte sich Henry: „Das Leben ist nur noch für die Katz, ich schleich mich jetzt." Dann legte er sich unter einen Schattenbaum und hörte zu atmen auf.

Vielleicht erinnern Sie sich noch an Henry: Er war ein zugelaufener Kater und eine wahre Ausgeburt an Hässlichkeit. Zerrupftes Fell, verkrätzte Nase, triefende Augen, luckerte Zähne. Wenn ich Henry zu streicheln versuchte, fuhr er fauchend die Krallen aus, dann entfuhr ihm ein höllischer Windstoß aus seinen grindigen Eingeweiden. Das hieß: Alter, lass alle Hoffnung fahren, dass du mich zähmen kannst.

Ach, wie ich Henry liebte. Vor drei Tagen war es, und die Nebeltücher banden sich luftig um den Herbst, da saß ich unter dem Schattenbaum und dachte: Ach, Henry, warum gibt es nicht mehr Menschen wie dich? Menschen mit optischer Schieflage, aber kerzengeradem Charakter. Menschen mit Zahnlucken, aber lückenloser Erinnerung an die eigenen Dämonen. Menschen mit Triefaugen, aber ungetrübtem Blick für das Wahre. Kurz, Henry, und hiermit adle ich dich zum Sir, Menschen mit Tadel, aber ohne Furcht. Solche Exemplare würde ich zum Ritter schlagen. Ich vermisse dich, alter Windbeutel. Zeig den stromlinienförmigen Wesen, wo auch immer du gerade bist, die Krallen!